相声之花——夏文兰

夏文兰在相声剧《明春曲》中饰春姑

2010 年 12 月 31 日，姜昆与夏文兰、倪明等弟子在盐城

夏文兰与父亲、姐姐们在一起

百名笑星大荟萃

夏文兰与李金斗先生一起参加综艺节目

夏文兰与侯耀华先生在一起

夏文兰与师娘李镜民在一起

夏文兰与著名曲艺大师骆玉笙在一起

夏文兰与师兄刘全和、刘全利在一起

夏文兰与部队弟子在一起

倪明、夏文兰夫妇

名家笑侃相声圈

相声之花
夏文兰

倪明 —— 著

天津出版传媒集团

天津人民出版社

图书在版编目(CIP)数据

相声之花夏文兰 / 倪明著. —— 天津：天津人民出
版社, 2018.5
(名家笑侃相声圈)
ISBN 978-7-201-13332-4

Ⅰ.①相… Ⅱ.①倪… Ⅲ.①夏文兰(1965–2015)
–生平事迹 Ⅳ.①K825.78

中国版本图书馆 CIP 数据核字(2018)第 076372 号

相声之花夏文兰
xiangsheng zhihua xiawenlan

出　　版	天津人民出版社
出版人	黄　沛
地　　址	天津市和平区西康路 35 号康岳大厦
邮政编码	300051
邮购电话	(022)23332469
网　　址	http://www.tjrmcbs.com
电子信箱	tjrmcbs@126.com

责任编辑	张素梅
装帧设计	明轩文化　王　烨

印　　刷	高教社(天津)印务有限公司
经　　销	新华书店
开　　本	787 毫米×1092 毫米　1/16
印　　张	15.75
插　　页	5
字　　数	150 千字
版次印次	2018 年 5 月第 1 版　2018 年 5 月第 1 次印刷
定　　价	54.00 元

德艺双馨 永驻人间（代序）

冯雁军

真的不好意思。

没想到倪明会让我为这本书写序。

既感到意外，又好像在情理之中，这倒是很符合相声的创作手法。

我虽不是圈内人，但跟文兰、倪明绝对是过命的交情。他们在生活中和舞台上的点点滴滴我历历在目、记忆犹新。加上我退出政坛后主编过《走遍世界》《江苏浙商》《中华浙商》等多家财经类期刊，就连文兰、倪明三十周年系列丛书以及跟他们合作渊源很深的华恒昌集团的企业杂志也是我给编辑的，所以于公于私，我好像都脱不了干系。

我个人觉得"名家笑侃相声圈"这套丛书的出版，必将对中国曲艺事业的发展和繁荣起到积极作用。丛书特别安排了《相声之花夏文兰》一集，足见对女相声演员的重视。大家都知道，女性说相声不容易，生在南方的女性说相声就更不容易了。文兰出生在南方，成长在南方，把很多北方人难以掌握的相声说得风生水起，得到了许多同行的赞誉。

诚然，倪明老师要我为他写文兰的集子作序，心里很是忐忑。我与文兰和倪明他们两家是世交。我的剧作家、小说家父亲曾是他们夫妇的同事，我在乡镇和市级机关直属部门主持工作时，文兰和倪明就是我的好朋友。他们为我儿子主持婚礼，让老母亲享受了一生从未有过的风光，我们之间互为其长辈和下一代及孙辈们因公因私地忙碌。我想，凭倪明老师的口碑与能力，请一些位高权重的在职领导、业界当红的名家大蔓、社会各界的名人精英为其作序，根本不是问题。可他还是再三坚持："二爷，这个序还是你来写！"

恭敬不如从命。也许我们是几十年的世交，所谓知根知底，知道文兰从一个普通的绣花工成长为家乡人民喜爱、业界独树一帜的艺术家多么不易；也许我是外行人，看热闹中能说出一些圈内人看不明白的东西吧。

文兰和倪明是姜昆老师的爱徒，他们都是土生土长的盐城人，因为从小酷爱相声艺术走到了一起，在共同的人生与事业追求中结为伉俪，成长为中国相声的夫妻档。

然而，正当文兰的事业如日中天时，无情的病魔夺去了她的生命。文兰虽过早地离开了她心爱的相声舞台，但她却为祖国的相声艺术宝库留下了一笔浓重的色彩。

文兰生前的亲朋好友听说要为其出书，伤感之余深觉意义非凡，一下子拨动了深藏脑海的儿时记忆。发小们当然记得，文兰天生一副金嗓子，从小就是街坊邻里的孩子王，学校里出名的小歌手，乐于助人的小美人儿。各种各样的宣传与演出，每次都少不了文兰这个小主角，她乐意为没有任何报酬的活动演出，台前幕后总能见她张罗忙碌的身影。那些年，文兰与大家一起搬运道具，安装布置舞台，帮助别人化妆，提醒演员候台，维持现场秩序。直到后来成为观众眼里的明星，她的粉丝们也时常发现文兰在演出现场操劳的身影。正是这种天长日久养成的亲力、亲为、亲民的个人品格和演出作风，使文兰获得了那么多的粉丝追捧，那么多的人为她悼念与送别！

人们的追捧与送别，除了感情因素之外，也是缘于一个人从小执着于对艺术的热爱，并将其作为第二生命来呵护。

文兰酷爱相声，并且特别喜欢姜昆老师的相声。1990年重阳节那天，时任盐城市委副书记黄淑萍女士和市委宣传部部长朱步楼先生共同推荐文兰、倪明拜姜昆为师。据说这次见面，倪明一边介绍夫妻俩，一边递上三本厚厚的剪报。姜昆老师翻看沉甸甸的集子非常吃惊，洋洋洒洒二百多篇数十万字的各种剪报，差不多囊括了他那些年所有公开见报的新闻报道和作品、资料，足见其对相声艺术的非凡热爱和执着追求。感动之余，对小夫妻来了个现场考核测试，两人对相声艺术的了解研究和表演功底令姜昆老师十分满意。加之两位市领导一直夸他们在盐城文化活动中的作用和在当地老百姓心目中的影响，姜昆老师当即决定收其为徒，成为其所收的唯一一对"夫妻弟子"。

在艺术追求上，文兰把爱好不断放大，使之成为终生的事业追求，为了艺术而放弃一切享受。作为一名普通的绣花工，上班的日子紧张而枯燥，但文兰丝毫没有放弃曲艺梦。无论数九寒天，还是盛夏酷暑，她都坚持早晨练嗓子，晚上背段子。能歌善舞的文兰在一次演出中替倪明的意外救场后，作为特殊人才被引进相声艺苑并从中有了更多的共同语言，成就美满姻缘的同时，也成为令人羡慕的艺术事业上的黄金搭档。为了学习和演出，他们两口子排练相声，成年累月不是在前往演出的路上，就是在演出结束的途中。

　　然而,为艺术和事业而奔波的征途并不那么平坦。1989年小两口去煤矿慰问期间,家中被小偷光顾,连留给儿子的红烧肉和电饭锅也被悉数卷去。次年他俩去部队慰问演出,无人照料的儿子从四楼楼梯滚到三楼,跌断了鼻梁骨。即便这样,也丝毫没有动摇两人学艺的信心。相反,还增强了继续前行的动力。或许是缘于小家庭天长日久的耳濡目染,儿子倪夏宇从小跟着模仿学艺,成为全国相声界的耀眼新星和大型商业活动的金牌主持,多次亮相包括央视在内的各种各样的舞台。

　　为了更好地帮助倪明实现艺术梦想,文兰义无反顾地放弃了兰州军区、上海武警、内蒙古军区的盛情相邀,毅然陪同丈夫从盐城举家到南京发展,克服了初来省城一系列生活和工作方面的困难,在不很长的时间里就打开了工作局面。

　　文兰乐于和普通百姓打成一片,善于以自己的智慧和才情体悟人民群众的多彩生活和真挚情感,并从中汲取艺术营养,发现普通人身上的闪光点和人性光辉,通过积累、提炼和升华,进而通过创作在自己的作品中体现出来。并通过自己的精彩演绎呈现给观众,进而成为讴歌先进、传播大爱、鞭挞丑恶、激浊扬清的舞台形象,践行了艺术家从群众中来到群众中去、为人民服务的根本宗旨,激发人们追梦、筑梦、圆梦的奋斗热情。

　　生于基层、长于基层的文兰,深知伟大的时代需要伟大的作品,它需要艺术家为人民抒写、为人民抒情、为人民抒怀,这是人民对文化需求的渴望,对曲艺艺术发展的期待。创作是艺术家的核心任务、基础环节,作品才是立身之本、事业之根。因而,文兰在业余时间里总是认真刻苦钻研相声艺术。除了自己认真刻苦钻研相声,及时记录艺术感悟,还创作并演出近百个相声段子。有时候,为了作品的主题或是某个重点，甚至个别字词或语气的推敲琢磨，小两口常常争得面红耳赤，甚至半夜三更把电话打到师父那里请师父评判。

正是文兰三十年如一日的认真、较劲、勤奋，文兰和倪明创作表演的《五彩缤纷》《悄悄话》《家乡美》《永远是朋友》等节目成为相声佳作。这些作品以特有的机智幽默，放歌改革开放主旋律，弘扬爱国爱民的正确导向，鞭挞落后思想行为，讽刺不正之风，给人以警策、启迪和愉悦。在相声创作相对滞后的今天，他们的作品显示出了独到的魅力。这些节目有的在中央电视台《曲苑杂坛》《笑星大联盟》《我爱满堂彩》等栏目中播出，有的在多地省市电视台晚会中亮相，《永远是朋友》还冲刺过 2004 年央视春节联欢晚会。文兰先后受到市、省级政府的通报表彰，获得了中国曲艺最高奖牡丹奖的提名。还先后参加了 1991 年湖南省全国相声青年邀请赛、1993 年天津市马三立杯相声邀请赛、1995 年中央电视台侯宝林金像奖相声大赛、2000 年河北省全国青年相声大奖赛等，成为 2000 年第 7 期《曲艺》杂志封面人物，出版了《悄悄话》《出门在外》等多部著作，荣获"全国德艺双馨"艺术工作者光荣称号。

文兰不但在艺术上取得了一系列成就，还留下了非常珍贵的艺术和精神遗产。

文兰留下的艺术遗产，就是艺术家要敬畏艺术。

众所周知，文艺工作者是通过作品和人格的双重魅力来引领社会风尚的。大家知道，连不少北方人也难以掌握的曲艺，生在南方的文兰居然把它演绎得风生水起，这主要得益于从艺三十年里，她总是用自己的行动坚持为普通百姓送欢乐，竭尽可能地帮助相声艺术爱好者圆梦。她与倪明带领各种演出小分队到全国各地巡回演出一千多场,平均每年八十多场,经常被文化宣传部门抽调参加各种送戏到基层、到边疆、到部队的活动。在盐城大冈、伍佑及淮安、南通等地演出,中途多次碰上下雨。有一次文兰在淮安坚持冒雨演出,群众主动登台为她撑伞,感人的场面曾被《中国文化报》头版显著位置报道。在某边防部队,文兰不辞辛苦专门为一位战士倾情演出。可以毫不夸张地说,文兰以三十年从艺的行动证明,她把文艺轻骑兵的传统发挥得淋漓尽致,使曲艺成为时代之音的第一发声者!

为了帮助曲艺爱好者圆梦舞台,提高表演水平,文兰和倪明还先后在地方和部队免费举办了三十多期业务培训班,特别是在家乡——苏北革命老区盐城,让很多小学生参加培训学习曲艺,无形中把这些孩子培养成热心曲艺的观众的同时,还使孩子们在升学考绩中获得跟学习钢琴、二胡的学生同样的待遇。在培养新人方面,除了开门收徒,文兰更毫无保留地倾注一腔心血,争取一切机会带上弟子参加各种演出活动,让他们丰富社会实践,积累舞台经验。无论是爱好曲艺的外来务工人员,还是校园里的大学生,她都平等相待,热心相助,悉心指导,帮助他们圆梦人生。

文兰留下的精神遗产是敬畏公益和人民。

长期的基层文化实践使文兰深刻认识到,观众喜欢相声,相声更离不开观众,也就是文艺要为人民服务,为社会主义服务。相声与观众的契合点,就是相声艺术家心中必须要怀有敬畏公益和敬畏人民的精神,并为之不懈努力。小夫妻俩移师南京发展之后,文兰以女性独有的眼光与对相声市场发展的精准研判,在她的建议和推动下,华恒昌南京相声俱乐部应运而生,每周六在六朝古都市中心的江苏省文化馆小剧场公益惠民演出,成为全国相声界一道亮丽的风景。

为提升大型企业的社会形象和品牌效应，文兰先后担任有多家子公司和上市公司的华恒昌集团、中业慧谷集团的文化艺术顾问，多次担纲这两个集团的重大活动策划并主持和表演，负责企业的形象包装、品牌策划、创办期刊、公益慈善，使得几年前默默无闻的两家企业，成为今天全国同行中的"网红"。为了帮助华恒昌集团大健康新产品"六早"的推广，文兰还出任形象大使。她为这两个企业的所有付出，从未收过任何报酬，以其特有的方式触动人心，引人向上、向善、向美，传递社会正能量。这才有了全国第一家公益相声俱乐部——华恒昌南京相声俱乐部。

文兰认为，艺术家的生命长度是有限的，但艺术家的人格精神宽度是无限的。因而，她与倪明创建了以弟子为主体的"倪夏班"，深入生活，扎根人民，坚持以基层公益巡演为己任，及时宣传党的路线方针政策和时代精神，讲好中国故事，以此传承曲艺艺术，光大传统文化。积劳成疾的文兰不幸去世之后，倪明依然坚持带领"倪夏班"转战大江南北，活跃在基层群众文化一线。

在舞台上，文兰始终秉持倾情演绎、升华作品的内涵和品位，她或说或唱，或逗或嚎，举手投足，活泼而不泼辣；谈事论理，文雅而不沉闷；细语浅笑，诙谐而不滑稽；状人抒情，机智而不狡猾。即使相声中需要必不可少的自嘲时，她也十分注意庄谐有度，不影响自己的端庄韵致和柔美形象，不要贫嘴，不哗众取宠，而是靠对语言材料的准确把握，营造出温文尔雅的幽默效果。贬损自身形象的包袱即使再响、再叫座，她也绝不使用。这些长处，是我尤为欣赏的。文兰身上的这些特点，就是自觉摒弃低俗、庸俗、媚俗的行为，抵制社会上的种种歪风邪气，以过硬的专业水平和伟大人格，歌颂正能量、传播正能量、塑造正能量艺术形象，从而收获了老百姓满满的喜爱。

归根到底一句话，文兰的艺术人生就是敬畏曲艺，做德艺双馨的人民艺术家，其精神将永驻人间！

斗胆写下这些，算是抛砖引玉吧。

2018 年 3 月 28 日　于苏州

目 录

一、笑声传奇

中国相声有很多传说，相声本身就是个传奇。

著名相声表演艺术家李金斗先生曾经在很多场合说过：北方男人说相声不容易，南方男人说北方男人说的相声也不容易，而南方女人说北方男人说的相声就更不容易。一个女人说了三十多年相声，还是个典型的女人，还是一个把北方相声说得最好的女人，真是太不容易了……

相声名家冯巩先生也曾对中央戏剧学院相声大专班的女徒弟贾玲、宋宁她们说：这个南方女孩子，无疑是当今中国女相声演员的一杆大旗。她给你们提供了很多经典的范本，她也给很多想说相声的女孩子树立了标杆，她在作品和表演当中传递出的真善美，值得每一个女孩子学习。

天津市艺术研究所原所长、已故著名相声理论家刘梓玉先生在一篇文章中写道：应该说，这个女孩子的出现，是中国相声队伍的一种幸运。她就像一支小夜曲，宁静中传出幽默的旋律、柔和的音符，给千家万户带来了欢乐。

中央电视台著名导演朗昆先生撰文说：2003年，她和她老公倪明带着一段令人耳目一新的相声《永远是朋友》参加了春节晚会的节目竞选，当时被媒体称为"春晚的一匹黑马"。尽管最终没能亮相，但给我的感觉是：妇唱夫随、名不虚传。

中国曲协著名曲艺评论家黄群说过：她的人生就像是一次旅

行,相声是她这次旅行当中不可或缺的欢乐,而她也是播撒欢乐的人。别人欢乐,她更欢乐。

中国艺术研究院曲艺理论家蒋慧明说:在枝繁叶茂的相声园地里,她是辛勤耕耘的小蜜蜂,拥抱花香、吻着甜蜜、散发笑意、播撒美趣,她的执着、探索、传承、创新,让她显得独树一帜、与众不同。

……

以上这些名家大蔓所描述的这个女人不是外人,就是集我的夫人、太太、爱人、老婆、婆娘、俺家的、孩子他妈为一体的——夏文兰。

江湖人称"中国相声一枝花""江南笑坛女才子"。

文兰从记事那时开始,绝对不会想到能和中国的相声结缘,可是自我接触她的第一个"包袱"起,就认准她是干这行的材料。所谓人的命,天注定,恐怕就是这个道理。

那是三十多年前的一个夜晚,文兰年轻力壮的父亲因为工期完成得好,拿了一笔奖金,就和工友们大块吃肉、大口喝酒,这一喝就是二斤多,好在那时候没什么假酒,要不然肯定危险。但二斤多白酒对于一个不常喝酒的人来说已经是大大地超过极限了,这一喝就到医院抢救了。当着全家人的面,大夫指着文兰的爸爸说:不行了,不行了,赶紧回家吧!

全家人吓一跳:怎么了? 大夫?

大夫扒开文兰爸爸的眼睛说:看见了吗? 眼球都不动了,赶紧回家吧!

这时候文兰说了一句话,大伙全乐了:大夫,我爸爸有一只假眼……

这个颇有点相声泰斗马三立特点的笑话,却是文兰一段真实的生活。当她在天津见到马三立先生本人时,还不忘"调侃"一句:您老人家相声里说的就是我爸爸。

文兰和我都出生在黄海之滨的苏北盐城。

盐城,是新四军重建军部所在地,老一辈无产阶级革命家刘少奇、陈毅都在这里工作过。所谓"陕北有个延安、苏北有个盐城"就是这么来的。

盐城,以产盐而盛名,以淮腔而享誉!

它地处江苏沿海中部,东临黄海,南接南通,西与泰州、淮安接壤,北与连云港隔河相望。盐城的地域文化在历史上属于楚汉文化与淮扬文化过渡带,因战乱及人口迁徙等因素,又受到吴文化、江海文化的影响,因其独特的地理环境和自然资源,又让它形成了具有"浓郁咸卤味"的独特海盐文化。

盐城境内有平坦的滩涂、广阔的水域、纵横的沟渎和茂盛的芦苇柴荡,具备海盐生产得天独厚的自然条件。作为全国唯一一座因盐命名的城市,盐城因盐而置又因盐兴盛。"煮海为盐"的起源可以追溯到炎帝时期,周代已有先民来此搭灶煮盐。《史记》称"东楚有海盐之饶",汉武帝元狩四年(公元前119年)建立盐渎县,东晋命名为"盐城"。唐代成为东南沿海重要产盐中心,"天下之利,盐利居半"。宋代在盐城设盐仓。明清两代,盐场大兴,徽商以盐利竞豪富,淮扬之繁华锦绣颇多源于盐城。至今,盐城仍是中国重要的海盐生产基地之一。

北宋三代名相晏殊、吕夷简、范仲淹先后在此地任盐官,范仲淹带领通泰楚海数万民众筑堤防潮,留下名垂千古的范公堤。南宋海国孤忠陆秀夫负帝蹈海,以身殉国,永垂青史。元末张士诚率盐民起义,一度据苏州称王,与朱元璋争雄天下。革命战争年代,刘少奇、陈毅等老一辈革命家率领新四军在此浴血奋战。当代既有"党内一支笔"胡乔木,也有杰出外交家乔冠华。至于周巍峙、曹文轩、吴为山等也是大名鼎鼎的人物。

"白头灶户低草房,六月煎盐烈火旁。走出门前炎日里,偷闲一刻是乘凉。"明末清初著名盐民诗人吴嘉纪的这一首《绝句》,是对盐城文化内涵特征的诗意写照。恶劣的生存条件和长期的艰苦劳作,培育了盐城人民刚勇坚毅、奋发进取的主体意识;残酷的自然灾害和频仍的战乱匪祸,练就了他们不畏强暴、不屈不挠的斗争精神;团结互助、团队协作的生产方式,练就了他们团结拼搏、艰苦创业的团队作风。历史上在此诞生的新四军"铁军精神"和今日盐城倡导的城市人文精神,与海盐文化一脉相承。

在我的记忆中,盐城好像没有什么属于自己的曲艺形式,即便后来比较成熟的盐城方言快板,也是在吸收了传统地方戏和北方曲艺元素的基础上而建立起来的。至于像什么道情、渔鼓、表演唱等早就难寻踪迹了。

我接触曲艺源于我的父亲。他老人家天生乐观,一辈子在水上搞运输工作,注定心胸非常开阔、乐观豁达。老爷子闯荡江湖的经历简直就是一本天书。天下之事,无所不晓。就像马云所说:一个人的见识远比他的知识、学识来得重要。

说起来非常有意思,就在老爷子八十大寿的时候,我请他到南京散散心,早上一起下楼买菜,刚走到路边,突然来了辆电瓶车,不小心碰了老爷子一下,老爷子也没当回事,可当我问他:有事吗?

他立刻捂着肚子"唉哟唉哟"地喊起疼来。

我说:别唉哟了,人家已经走远了。

他立马起身乐呵呵地说:没事!

我笑着对他说:我这辈子不说相声都对不起您,您比我在台上的表演还精彩。

他也笑着回答我:这回知道碰瓷是怎么来的了吧?

我记事的时候,已经六岁多了,那时候正好赶上"上山下乡"的运动,我妈又是居民小组长,所以要带头到农村去接受贫下中农再教育。可怜我的老母亲,带着我们兄妹五个在农村一待就是十年。

这十年,也是我母亲吃苦受累的十年,是饱尝人间冷暖的十年,也是我们兄妹几个不断成长的十年。

我清楚地记得,我们全家冒着大雨,坐着一条机帆船,经过几个小时的水路来到了下放地点古河村。听说要到农村去生活,当时年少无知的我们还兴高采烈,可是搬家上了岸,全家人就都傻了,这哪是人住的地方啊!外边一间屋养着三头牛,臭气熏天,里面铺着稻草的地方就是我们全家六口人待的地方了。要出门必须先绕开那三头牛,一不小心还会踩上满脚的牛粪。我们下乡时的高兴劲很快就荡然无存,心底突然产生一种莫名的悲伤。

最可怜的是我母亲,从来没干过一天农活的她,居然每天要下地割麦、插秧、挑粪、浇地、耕田、脱粒、挖河、引水。凡是农民干的活,我母亲没用多长时间就全都学会了。不学会也不行,因为那时候按工分算,不下地干活,全家人就得挨饿。我父亲那时候也不太平,被关在学习班里整天挨批,每月往家里寄五块钱,就这五块钱,成了我们全家的救命钱。

都说穷人的孩子早当家,我也不例外。看着母亲和哥哥姐姐们吃苦受累,我从小就学会了做家务活,家里头什么时候都是干干净净的。一到生产队要开会,队长准通知到我们家里来,不光环境干净,我还会给他们沏茶倒水。

也就在这十年当中,我成了农村小学宣传队的骨干,但凡有演出,老师必定安排我唱歌跳舞带报幕。记得小学二年级的时候,老师组织我们到古河村的打麦场上演出,我上场一跳,台下就掌声笑声不断,有的大妈还边指我边乐,我以为大家特别喜欢我呢,没承想,女班主任笑着捂着肚子对我说:下次跳舞别穿开裆裤了。合着人家乐的是这个。

由于我在家里排行最小,所以,每到寒暑假我总能优先跟着我父亲出去旅游,其实就是坐船从盐城到镇江一带。要知道,20世纪六七十年代,交通非常不便,最好的交通工具就是坐船,上到政府官员,下到平头百姓,全都一样。就在来来往往的旅途中,我认识了一位卖唱的民间艺人,他姓曾,原来是专业剧团唱戏的,后来"倒

孩子刚刚满月,夏文兰(左)就参加了惠民演出

6

仓"(嗓子坏了)，加上婚姻不幸，他干脆下海跑起了江湖。平常在船舱里帮游客递茶倒水、送饭送面，一有闲空，他就在船舱里卖起小唱。当然唱的全是传统戏，我也就在那个时候，知道了什么是《河塘搬兵》，哪个是《杨门女将》，包括《探寒窑》《珍珠塔》什么的。最让我感兴趣的是，曾老师还能说一口流利的方言快板，是夹在扬州和淮安方言之间的那种，说完之后，居然还能收到一毛、两毛、五毛和很多硬币。这玩意儿还能挣钱？这对我的刺激那可是太大了。于是，我也模仿着他给大家表演，居然也收了个三毛五毛还有很多吃的上来。这不就是当年相声的撂地卖艺吗？

我后来在舞台上经常表演的快板《有口难言》，就是根据曾老师的《还是一个好》改编的。包括在盐城一带一直很火的快板小段《卖花生》，都有曾老师的影子。直到后来一个叫王红专的出现了，我觉得他表演的方言快板比我地道、有味儿，就主动让出了这两段比较经典的作品，也成就了后来成为苏北快板大王的王红专，这是后话，另有表述。

如果从曲艺拜师收徒这个角度来看，这位跑江湖的曾老师应该算我的第一位启蒙老师，尽管后来我再也没见过他。也曾经托人四处打听，但最终还是没见到。传说他早已经离世了。因为他特别的贪酒，身边又无人照应，结果不容乐观似乎是注定的。但他无疑对我的兴趣爱好产生了很大的影响，所以说，童年的教育环境太重要了，所谓的"跟好人学好人，跟着唱戏的学戏文"，就是这个道理。

二、小鬼当家

当我沉浸在江湖艺人的欢乐之中时，在盐城的城西小学里，出现了一位跟我同样天资很好的女同学，她叫夏文兰，但几乎没人喊过她的名字，大家都亲昵地叫她"夏四"。一来她在家排行老四，二来她的小大人劲儿绝对能把你"吓死"。

夏四从小就极爱学习，成绩很好，尤其是英语。这可苦了跟她一母同胞的姐姐夏三。因为夏三天生胆小，说话怯场，平时见人就脸红，但好在那时候的学校是复式教学，二年级和三年级可以同班，姐妹俩正好分在一个班。有一次老师提问，汉水的源头在哪里？夏三急得满脸通红、满头大汗，就是回答不上来，夏四一看急中生智，拍了拍自己的脑袋，那意思，好好动动脑子。夏三一看明白了，连忙回答老师说：老师，我知道，汉水的源头在我脑袋上。全班都笑趴下了。

每当考试，夏三都会用乞求的眼光求助夏四，夏四也是当仁不让地暗地里帮着夏三。就拿英语来说吧，两人虽说相差一个年级，但夏三的课，夏四基本都会认真听，目的就是能帮一下夏三。有一次英语考试，夏三看着一纸的字母发愁，夏四给她使了个眼色，夏三心领神会，借口上趟厕所，把英语卷子带了出来，没到十分钟，夏四就替夏三把卷子做好了，而且还考了个全班英语第一。搞得老师同学直发蒙，心想夏三也是太神了吧，昨天还磕磕巴巴呢，今天就成翻译了？

　　文兰的老家在盐城西门的小坝口,据说,当年因为这个住区的居民性格刚烈、民风彪悍,一般人都不敢惹小坝口的人。也许是受环境的影响,文兰小时候虽然弱小,但性格十分倔强,那时候虽说治安管理没有问题,但家长一般也是不让小女孩子自己上下学,至少要哥哥姐姐或者邻居带着,但文兰坚决不让。早上上学总是第一个到,然后检查课桌、打扫卫生。下午一放学总要帮班主任戚士英老师收拾收拾作业本,没过多久,聪明伶俐的文兰就当上了班长,还兼顾管理儿童班。随着时间的推移,文兰的文艺特长渐渐地显露出来。她天生一副好嗓子,加上极强的模仿能力,很快成了城西小学的小明星,很多女孩子都以跟她同班为骄傲。班上的文艺活动,不管是舞蹈还是唱歌,都由她带头,有时候还担任领唱或合唱指挥。慢慢地,他们班的文艺表演一下子走在了全校前面。要知道,那时候的学校不唯分数论,文艺、体育、画画倒是成了衡量学生素质的标准。

　　要说光有文艺特长,那还难以服众。

　　除了文艺,语文也是她的拿手好戏。一般老师还没教到的课文,文兰总是提前就把它背好,等到老师一上课,她总是第一个举手说:老师,我能替您先背诵一遍吗?

　　于是,在很多同学还没打开课本时,文兰已经用清脆的嗓音非常熟练地给同学们朗读一遍了,以至于后来,老师有些语文课干脆让文兰代课。难怪她一直对教师这个职业情有独钟。

　　小学生写作文是常事,别人写好人好事,马路上的老太太准不够用。文兰的作文总能另辟蹊径,写得与众不同。她能够夸张地在同学们抢老太太过马路时多出一个老头来。老头一上场,老太太准乐意和老头一起过马路,因为他们是两口子。每当看到这样的奇思

《五彩缤纷》演出照

妙想,老师总是笑着夸奖文兰说:这丫头怎么想出来的!

文兰写的作文不仅经常在学校里获奖,还常常被拿到别的班级去当作范文朗读。这么个品学兼优的学生,校长、老师当然喜欢。于是,学校对她委以重任,特意授权给她,班主任不在时可以管理整个班级,不仅督促纪律、检查卫生,还要察看放学在路上排队的表现。要说文兰还真够仔细的。有一次检查卫生,她发现有个男同学嘴边上吃的鸡蛋没擦干净,于是批评那个男同学说:你看看你,上学一点不注意个人卫生,今天早上吃的鸡蛋都擦不干净,还算个好学生吗?

那位男同学一回答,全班同学都乐了:报告班长,我这是昨天留下的。

文兰有个同学卞爱华,从小就受文兰的影响,不但行为举止差不多,就连文兰穿什么服装她也跟着模仿。在她的眼里,夏文兰就是美的代表、美的化身,谁要是说夏文兰半点坏话,她立马就会跟人家翻脸甚至动手。有一次，有个男同学不肯擦黑板，文兰怎么劝说他就是耍赖不擦，气得卞爱华二话没说，上去就把那个男同学摁倒在讲台上，边揪他耳朵边说：夏班长的话你居然敢不听？揪得那个男同学直喊救命，从那天起，那个男同学每天都主动讨好卞爱华去擦黑板。问他为什么这么听话？他老实交代说：夏文兰班长的威力比老师大，老师不会让人揪我耳朵，可夏班长的姐妹会揪耳朵。那可是真揪啊！

　　大概也是天意，就是这位被人家揪耳朵的男同学，现在一直还在干着中医，他这一辈子再也没离开过"针灸"。据说连他老婆结婚后也一直"揪"着他不放。

三、弃工从军

1979 年的秋天，所有曾经下放农村的孩子都得到了一个好消息，终于可以返城了。返城，意味着可以再也不用下地干活、再也不用吃糠咽菜了。可以找到一份体面的工作，过上城里人那种舒坦的日子。

那年的年底，盐城汽车运输公司公开招工，我也跟着报了名。要知道，那年头，像我们这些穷人家的孩子，如果能到汽车运输公司这样的大单位工作，最次也得是个汽车驾驶员，如果能混到汽车修理工，那就算烧着高香了。现在的年轻人可能当故事听，但这是当年的实际情况。

按着考试的排名，我名列前茅，但在填表格的时候，我犯了一个致命的错误。就因为这张表格，改变了我的命运。至今我都对那位看上去还算漂亮但信口开河的工作人员怀有"憎恨"。光顾着看她了，把自己的终身全给耽误了。

填表格时，我特意问她：姐姐，我是新兴镇袁庄中学的，应该怎么填？

那位大小姐随口答道：你就填新兴中学就行了，不用那么详细。

于是，我按她的指点，照抄不误。没想到，"灾难"立马降临。那时候，不管到哪儿工作，都是要政审的，而且特别严格。你想啊，"文革"刚结束不久，大家的阶级斗争这根弦还紧绷着呢，不好好地政审能行吗？

按道理，如果到新兴中学政审，学校一查没有我这个人，就实话实说，也就罢了，大不了我说填错表了。倒霉倒在新兴中学了。这个学校有个体育老师叫董文虎，下放时，跟我们一个村，和我二姐还是同学，他从农村考到盐城师范学校，学校就在我们家返城后居住的小区前面，我每天早上到师范学校去跑步，偶尔还能看到他。他也趁着到食堂吃饭的时候冲着我们家三楼"挥手致意"。其实我知道，他那是变着法子跟我二姐打招呼呢。

就是这个董文虎，师范学校毕业后，被分配在了新兴中学做体育老师，当他听说政审小组来调查我是不是在新兴中学上过学时，他便自作多情地命令他几个学生按他说的办，还装模作样地开了个证明会，大家一致作证，我是新兴中学毕业的学生。于是，一起"冤假错案"就此诞生。当我拿着袁庄中学的所有材料到汽车公司报到时，人事处的人说我弄虚作假、品德不好，不宜到他们单

20世纪80年代倪明(右一)、夏文兰(左一)与喜剧明星游本昌、宋德全、史文慧同台后合影

位工作。

我说:凭什么说我弄虚作假?

人家说:你明明是新兴中学的,为什么要说自己是袁庄中学的?

我说:我确实是袁庄中学的呀?

人家说:你还撒谎?你的同学、老师都一致证明你是新兴中学的,这有他们签字画押的证明材料,你还敢抵赖?小小年纪就这么不诚实,怪不得你爸爸是"5·16"呢?

听听,连我爸爸是"假反革命"他们都知道,我一下被打翻在地。

天无绝人之路,当时还有另外一家工厂也在招聘,我同样怕被拒绝,干脆,在当地人武部报了个名准备参军。就在拿到入伍通知书的当天。盐城针织总厂、盐城化工厂的录取通知书也都到了。家里人征求我的意见,我毅然决然地说:我要当兵!

1980年的冬天,我和107位盐城籍的小伙子踏上了当兵的征程。让我想不到的是,我参军的部队恰好是个汽车团,我可能是受到了汽车公司事件的"刺激",坚决不愿学开车。加上新兵连期间,我老喜欢给战友们表演一些小节目,被我们的指导员、山东泰安人王润泽看中了,新兵连一结束,他就极力推荐我去了团里的文艺演出队。正好北京军区总后勤部要举行战士文艺会演,于是,团里就让我和另外一位战友衡永成,到山西歌舞团拜师学艺。也就在那时,学会了王秀春、刘培安老师的对口数来宝《该怨谁》。说的是上梁不正下梁歪的故事,同时,还学会了一个太原民间莲花落《卖花生》。后来,这个小段被我改成了盐城方言快板,至今演唱不衰。有一阵子,只要我走上街头,老百姓都纷纷指着我笑着说:那个卖花生的来了!

那时候,传媒很不不发达,老百姓都是在剧场里才能看到节目,能得到他们的认可和关注,可见,曲艺的魅力有多大。

也就是这段当兵的经历,彻底改变了我的人生轨迹。可以这么说,没有那次"表格风波",我不可能去当兵;如果不当兵,可能就接触不到北方的曲艺和相声;不接触相声,也就不会有后来的相声梦,也就不会跟文兰相识、合作、过日子。

现在看来。都是冥冥之中的命运安排!

……

几年后我退伍回到盐城,在城南大桥上巧遇董文虎,此时,他已经"混"到政府部门工作了。后来还当过亭湖区文化局的局长。可想而知,能够"造假、造谣、造势"的人还是挺有用场的。

他当时热情地拉着我的手说:怎么样? 兄弟,你要好好感谢我吧? 不是我,你那个证明没人会帮你做!

我当街就给了他一脚:滚,没你我还没这么倒霉呢?

就是这个董文虎,后来我们成了很要好的"哥们儿"!

四、跳出工厂

从部队复员回来,我被分配到了江淮动力机械厂,现在叫江动集团。

在我的印象中,20世纪80年代以前,好像没有"腐败"这么一说。但我当兵回来之后,形势急转直下。那时候,人与人之间已经不像过去那么单纯、淳朴了。拿我们家来说,父母都是平头百姓,说话做事老实巴交,跟社会上的权势人物谁也不认识,一点儿背景也没有。就我这么一个穷小子,要想找份好工作,谈何容易?

我接到报到通知时,上面写得很清楚:铸造车间。

熟悉工厂的朋友都知道,铸造车间是个又脏又累的活,甚至比煤矿工人还苦。我还没报到呢,我妈搂着我抱头痛哭:孩子,妈对不起你!让你受苦了!

我说:妈,有啥好哭的,又不是我一个人去受累。是工作总归要有人去干吧?再说了,还有那么多战友呢。您放心,用不了三年,我一定给自己另外找条出路。

当时,分配到江淮动力机械厂的有22个复员军人,我义无反顾地第一个报了到。然而,我也是第一个离开那里的人。

在我离开以后的那些年里,工厂进行了企业改制,大家的生活也发生了很大的变化。有的考上了公务员,有的当上了领导,有的利用人脉发了大财,也有的下岗病退、穷困潦倒。真是人算不如天算,各有天命为安。这是后话,不提也罢。

果不其然，跟我妈妈预料的一样，铸造车间的日子确实不好过，除了工作脏、累、苦之外，对身体的伤害和影响也是很明显的。

我当时编了一段顺口溜，在工厂里广为流传：

走进车间门，

浑身是灰尘，

上班白净净，

下班非洲人。

那时候，其他车间的年轻人找对象比较容易，唯独我们这个车间的年轻人根本无人问津，社会上有人挖苦说：连飞过的麻雀都是公的。当我认识文兰之后她来找我，我黑不溜秋地站在她面前，她居然没认出来，还认真地问我：大爷，您知道倪明在哪儿吗？

我露出小白牙"扑哧"一乐，她才认出我来。弄得她非常的不好意思，还一个劲地解释：我还以为是个老嗲嗲（爷爷的意思）呢。

尽管工厂的工作那么艰苦，但我坚持了两个好的习惯：一是每天清晨必须长跑一万米。因为没有好身体顶着，车间里的那套活你根本干不下来。二是长跑完毕，必定要到藕田边喊喊嗓子，然后还打着快板唱唱绕口令。

就这么"鬼哭狼嚎"地喊了三个多月，终于招来了一位"神仙"。他姓金，是当时盐城市总工会的副主席，他也每天到田园边上打拳散步、锻炼身体。看我这么刻苦，便问我是哪儿的，有没有单位。

我说：我是部队退伍的，现在江动上班。

他问：你练的这是什么呀？怎么在盐城没见过啊？

我说：我练的这叫快板，在部队可受欢迎了！

倪明(右一)、夏文兰(左二)与师兄刘全和、刘全利同台后合影

他说:工人文化宫正在组建职工艺术团,你愿意去吗?

我恨不得立马给他跪下,连说三个:愿意、愿意、愿意!

他说:我已经观察你好长时间了,看你这么用功、这么坚持,肯定有用场,我给你写了个条,你可以下班后到文化宫找一下他们的徐主任。

我连忙道谢:谢谢,谢谢!

人生只要努力,付出自有回报。

金老爷子无疑是我人生道路上的第一位贵人。

到了文化宫的考试现场,我恨不得把自己会的那点儿玩意儿全都使出来,文化宫的领导也好像发现了新大陆,问我乐不乐意脱产出来排练演出。

我差点没蹦起来把房子顶漏了,赶紧小鸡啄米似的连连点头同意。

要知道，毛主席他老人家"一切权力归农会"这句话可不是白说的。那时候的工会跟土地革命时的农会差不多，还真不好惹，它说想借谁，只要一个电话，工厂就得无条件放人。尽管工厂是一个萝卜一个坑，特别像我这种脏、累、苦的活，根本就没人愿意替你干。就在这个时候，我生命当中的第二个贵人出现了，他就是我在工厂的师傅——徐大海。

徐师傅也是当兵的出身，他为人厚道，真诚、老实。如果他要不同意放我走，那还真没办法。徐师傅看到总工会的通知，真诚地对我说：我早就看出你的心思根本不在这儿，你小子居然每天能跟着机器的节奏来跳舞，那就奔着你的目标去吧。记住了，外面混不下去了，还到我这儿来，我照样替你干活！

我当着车间所有工人的面亲了徐师傅一口，徐师傅红着脸说：我脸上全是沙子，你还嫌吃得不饱啊！

一句话，引得大家哄堂大笑。

五、后台邂逅

20 世纪 80 年代,中国刚刚改革开放,各种诱惑也随之纷至沓来,有钱有权人家的孩子要么出国深造,要么下海经商,反正都会有出路。但像我们这些普通家庭出身的年轻人,要么老实在工厂里上班,要么利用晚上的业余时间到电大去上课,等拿到文凭,另寻他路。当然也有个案,假如这个女孩子长得特别漂亮,属于天生丽质,正好运气又不错,即便没什么文化,没准也能嫁到富贵人家去享福。

文兰显然不属于这一类人。首先她不属于漂亮、丽质型的,再则她表面性格温柔,内心却暗含着一种刚烈,千万别招惹她,否则,她肯定让你吃不了兜着走。如果她能碰到哪个大户人家的公子,也就没有我们后来的故事了。

由于我在部队期间下了一点儿功夫,加上自己愿意学习,所以很快在文化宫的舞台上有了一席之地。不仅唱快板、说单口相声,还参加一部小话剧《约会》的演出。也就在那部小话剧的演出过程当中,我认识了我的铁杆哥们儿朱奇。

要说朱奇,绝对是个神人!

朱奇从小在干部家庭长大,爸爸是老红军,妈妈是街道干部,哥哥又在香港,家里条件非常优越。他自己曾经当过兵,后来又在生意场上"混",所以,显得比我们这些同龄人要成熟很多。别看他不在相声圈里混,但通过我认识了许多说相声的,后来的关系发展得比我还好。

据说，他当兵出发前，有四个跟他关系不错的姑娘来找他表白，他仗着自家房子宽敞，东房一个，西房一个，厨房一个，厕所一个，挨个做她们思想工作。全家人紧张得大眼瞪小眼，生怕出事情。没过半小时，就看那四个姑娘破涕为笑、满心欢喜、兴高采烈、心满意足地挨个跟朱奇拥抱吻别，最后就跟亲姐妹一样手拉着手各自回家了。

朱奇有个最大的特点，明明普通话很不好，但只要一见到外地人，他总要想方设法地卷起舌头跟人家说普通话。有时候他说方言，人家至少能听懂一半，但只要他一说普通话，人家是一句也听不明白。

有个笑话可以证明。

朱奇在车上安装了一个时髦的瑞准牌导航仪，那是靠语音提示进行导航的，但朱奇几乎没有导准过一次，原因就是他的普通话不标准。只要他上车一说话：瑞准，你好！导一下市政府。

瑞准肯定听成：瑞早，你袄，导一下四真服。

瑞准提醒他：请说普通话。

他继续重复：瑞早，你袄，导一下四真服。

几次三番，朱奇实在忍不住了：你耳朵聋了，我他妈要去市政府。

瑞准回答一句话，他自己都乐了：请你说话文明点，不要骂街。

嘿，这回全听懂了。

就是这个朱奇，当年从香港带回来一套高档西服，跟我所扮演的这个人物要穿的服装非常吻合。我那时候家里穷，别说高档西服了，连西服是什么样我都没见过，当朱奇的邻居也是我部队战友的

21

夏文兰与相声名家马志明先生在一起

衡永成跟他提出来借用一下服装的时候，朱奇毫不犹豫地答应了。不过，他提出了一个不大不小的难题，让我穿着服装在他面前简单地表演一遍，看看这个服装穿在我身上合不合适。我还就真的在他和他女朋友面前演了一遍。他也煞有介事地告诉我，这个时候应该转转领带、抻抻西服。现在看来，他当时也是十分心疼这套西服的。本来嘛，人家刚从香港带回来的，一次还没穿呢，先让你去出"风头"，搁谁也心疼啊。后来我终于弄明白了，为什么朱奇当兵的那天几个姑娘那么开心大方地走了。因为朱奇分别跟她们说了，你们谁要是主动热情地拉着谁的手先离开，我当兵回来就先去找谁。结果，还没等他回来呢，人家早就结婚生子了。

就在第一次穿上朱奇的西服登台之后，我在台上的底气一下子提升了不少，所谓"人是衣服马是鞍"就是这个道理。站在台上，连对面演对手戏的女演员看我的眼神都变了，眼里散发的都是我看不懂的热情。下了台还问长问短，让我根本不知所措。要知道，平常她可是挺高傲的，一般人根本不在她眼里。我心里当然明白，要不是朱奇这套香港西服衬托着我，你能对我这么客气？

果不其然，我还没这么动心思呢，文化宫的领导看出来了，特意找我谈话说,你跟谁谁,除了台上演戏,生活当中不要有任何接触,否则,立刻回厂。

后来我才明白,人家之所以要排这么个小话剧,就是为了抬这个女演员,好给某领导的儿子介绍对象,我说怎么有个男的有事没事总流着哈喇子看这个女演员排戏呢? 而这个女演员确实又是个"棒槌",每次台上抽另外一个男演员嘴巴,没有不带手印的。

也就在那个小话剧最后一场演出完事,我正在后台收拾东西,突然有个银铃般的嗓子在喊我:徐明,你怎么也在这里?

我冷冷地回答说:我叫倪明,不叫徐明。

姑娘脸一红,迅速低着头跑开了,边跑边说:对不起,我认错人了! 回头又扔下一句:谁让你们俩脑袋一般大了!

我大声喝道:说谁呢? 谁是大脑袋啊?

姑娘一转身就没了。

说我"大脑袋"的这位姑娘就是夏文兰。当时她一头的黄头发,属于典型的"黄毛丫头",身材修长,个头高挑,一嘴"小虎牙",远看像外国人,近看像新疆人,就是不像本地人。这样的女孩子,我还是第一次看到。

那时候我在话剧队,她在合唱队,虽说老在一起排练,但彼此并不认识,更没有说过一句话。从她叫我"大脑袋"那天起,我就有意识地去找她。但她就跟不认识我一样,哪怕我主动打个招呼,她也假装没看见,扭头就走。可能是我那天的态度得罪她了,或许人家根本就没在意过我,以后再碰面,就跟不认识一样。后来从文化宫老师那里打听到她的名字,并且知道了她在工艺绣品厂上班。

工艺绣品厂? 不就是我家前面那个厂吗?

这下,我的"大脑袋"慢慢地转悠开了……

六、一撞成交

几个月的借调生活很快就结束了，想着回到车间以后的那个工作状态和环境，我心里真是有点不寒而栗、战战兢兢。但没办法，演出已然结束，我只能重新回到车间，重新挥动铁锨，做着日复一日的翻砂工作。让我感动的是，每到下午两三点左右，徐大海师傅总会来到我的机器前，替我干上半个小时左右的活，并且晚上从来不安排我加班。偶尔文化宫安排晚上有活动，他总是乐呵呵地对我说：去吧，去找属于你的快乐吧！

那时候人们的生活特别单调，我每天也是骑着自行车穿梭于南北城之间，除了上班、下班，几乎没地方可去，也不想去，干脆，没事就闷在家里写点儿东西。说起来可怜，写东西的稿纸是我妈抽完烟的烟盒。所以，当这样的稿件寄出去之后，基本上都是石沉大海、杳无音信。即使到了哪个编辑手里，估计人家肯定也是随手扔到垃圾桶里了。因为，那时候的人都知道，这样的香烟盒基本是拿来当手纸用的。但是，就是在这些烟盒上，我写了不少曲艺小段，包括一些相声。要不怎么说，曲艺就是接地气呢。

自从那天在后台邂逅夏文兰之后，我眼前时常晃动着她那一头"黄头发"和一嘴"小虎牙"，这可能就是传说中的单相思吧。我跟朱奇一提这事，他立刻两眼发光。生姜还是老的辣。要说还是朱奇经验丰富，他不停地帮我出主意，要么路上拦截了，要么登门造访了，嘴里还一套一套的：什么过了这个村就没这个店了，什么煮熟的鸭子不能让它飞了,什么是个男人就要像阿米尔一样往前冲了。说得我心里痒痒的。

也就在上下班的过程中,我发现了一个规律:但凡星期二,工艺绣品厂休息。

我眼睛忽然一亮,对呀,可以去找她啊! 于是,我有意识地去过两次工艺绣品厂,看门的老太太特别严厉,知道厂里边女孩子多,经常有人来"骚扰",所以,根本就不让我进门,怎么解释就是不让进,就跟来抢她们家闺女似的。门口还趴着一条大黄狗,随时准备迎接"不速之客"。就这阵势,谁见了谁怵。

有几次倒是在路上骑车相遇了,可人家全当不认识我。

朱奇听我说了这些,于是鼓动我:俗话说得好,人怕急,马怕骑。别人越是不理你,你越是要激发出昂扬向上的斗志。

他也是怒从心头起,恶向胆边生,一个他自认为"巧妙周全"的计划形成了。

经过一段时间的观察,我又发现了一条规律:夏文兰上下班从来不是一个人,几乎跟她姐姐夏文秀形影不离,两人合骑一辆凤凰牌自行车。那时候,能买得起凤凰、飞鸽牌自行车的家庭,相对都是比较宽裕的。

可能是姐姐心疼妹妹,每次上下班,几乎都是夏文秀带着夏文兰,但每到上桥的时候,夏文兰都会主动下车帮姐姐推一把,这样可以帮姐姐省很多力气。不像朱奇的老婆,越是上桥,越不下车,看到朱奇紧蹬慢踹累得跟孙子似的,她还在后座上拍手叫好。就凭这一点,足见夏文兰心地善良。包括后来有一个可以从工厂到商店里面站柜台的名额,年纪小的夏文兰主动提出,姐姐手上有冻疮,不适宜做手工,还是让姐姐少吃点苦吧!

　　直到现在,姐姐夏文秀想到此事,都一直很感谢心爱的妹妹夏文兰。

　　经过一番深思熟虑和反复练习,我决定开始行动了。

　　那天下午四点多,看到夏文兰又下车助推了,我故意从桥上加快速度冲向桥下,一边冲一边喊:快躲开,刹车失灵了……

　　结果呢,夏文秀的自行车往哪儿躲,我就撺着往哪儿撞,说时迟,那时快,我的前车轱辘正好撞在了夏文兰的小腿肚上。说是撞,其实就蹭了一下,这个技术朱奇教我已经练习无数遍了。当然,他也没少挨撞。但就这一下,也把文兰给"蹭"趴下了,还"蹭"出点血来了。夏文秀站起来顾不得扶车扶人,一把揪住我的脖领子说:你个流氓,跑这练瞄准来了。我往哪儿躲,你往哪儿撞,你枪法挺准啊?

　　我赶紧服软:什么也别说了,赶紧上医院吧!

　　于是,我抱起夏文兰让她坐到我的车上,一路扶持着到了医院。尽管心里很美,但也知道闯了"大祸"了。因为有人介绍过,夏文兰的哥哥夏文才是小坝口有名的"大力士",也叫"摔跤王"。夏文兰在家排行最小,做哥哥的也最心疼她,把她妹妹给"撞"了,那还能有好果子吃啊?

　　经过拍片和医生的检查,没有大碍,但需要卧床休息,我赶紧和夏文秀一起把夏文兰送回家。一见到他们家人,我连忙赔罪认错,并保证承担一切后果。奇怪的是,膀大腰圆的夏文才不仅没有冲我发火,还主动递过来一根香烟,问我在哪上班。更意想不到的是,夏文兰主动跟家人解释说,她认识我,是我无意碰了她。可一旁的夏文秀看得清楚,不依不饶,非说我就是练"瞄准"的。

　　此后几天,我连续买了水果登门探望,他们家人倒也全都当成了好意。其实我是夜猫子进宅——无事不来,也叫黄鼠狼给鸡拜

26

年——没安好心。

我当时的工资每月才三十八块七,几次水果一买,也就所剩无几了,家里又比较穷,每月必须要给我妈上交伙食费。可由于我的这次"事故",根本就没办法完成任务了,这也是我唯一一次没给我妈上交工资,直到现在,老妈也不知道是怎么回事。要不怎么说,花喜鹊,尾巴长,娶了媳妇忘了娘呢?我这还没娶媳妇呢,就把交给老妈的伙食费给断了,看来历史的悲剧是在不停上演的。

那几天,只要下午一下班,我就赶紧往夏家跑,因为晚了他们家人就都回来了,那就什么也就说不了了。也就在那几天的交谈中,我知道了文兰也喜欢文艺,可以说天生一副好嗓子。也不知道她从哪儿学来的,那个年代,她居然能唱许多首邓丽君的歌,开一个独唱音乐会绰绰有余,并且模仿得惟妙惟肖。

当我的良好表现赢得他们家人好感的时候,他哥哥夏文才说话了:

夏文兰荣登《曲艺》杂志封面

我就知道你动机不纯、心怀叵测,知道我为什么放你一马,没有揍你吗?

说着话,一撩裤管,指着一道伤疤说:知道我老婆怎么来的吗?那也是我撞来的。只不过你用的是自行车,我可是开的摩托车,连我自己都摔伤了!

原来,世界上还有高人!

七、寻找搭档

在文化宫演出期间虽说是混了个脸熟，但一直处于单打独斗的状况，没有固定搭档和合作伙伴。正当我非常苦恼的时候，文兰给我出主意介绍说：市里正在组织"五一游园"活动，听说有一对老演员经常利用节假日在公园里说相声，你可以去看看啊。

于是，我立刻慕名找了过去。无意中，发现还有一对业余演员也在那里说相声。真是踏破铁鞋无觅处，得来全不费工夫。没想到，盐城还真有几个喜欢说相声的。后来一打听才知道，人家都是有单位的，跟我一样，只有到了需要的时候，才被抽调出来参加排练演出。这几位跟我一样，都是部队回来的，也都喜欢北方的曲艺，尤其是陆建华和王红专，不仅能说，还能编写，而且多才多艺。王红专拉得一手好手风琴，写得一手好毛笔字。陆建华不仅会打快板，而且上海说唱表演一绝。他的拿手段子《皮夹子》曾经风靡盐城大街小巷，由于说的是大姑娘赶时髦的故事，所以，很多大姑娘全都照着他节目里描述的那样去打扮，有时候还追到后台追着问他：陆老师，我这么打扮对吗？害得他爱人不得不对他"严加看管"。

陆建华不仅上海说唱演得好，而且单口相声也颇为老到。他曾经表演过一段《结巴救火》，让现场一位老太太笑得背过气去。

除了喜欢登台演出，陆老师还有个业余爱好：打麻将。

只要时间允许，他是有约必到。有一次他跟他爱人说晚上有演出，实际上出去打牌了，夜里打牌结束，快到家门口了，突然想起来了,坏了,还没化妆呢,这也不像演出的啊?于是赶紧掏出事先准备好的口红,拿出小镜子对着描了起来,他哪知道,他爱人就在门缝里看着他呢,刚画完,他爱人开门说:欢迎艺术家深夜到家加场演出!差点儿没把陆老师从楼梯上摔下去。

就这么个"活宝",你说台上能不好吗?

文兰也帮我分析说:"陆老师的捧哏有特点,而且台上很稳,你这样的年轻人,边上就应该有这么位能掌舵的人,这样观众看着也踏实。"

文兰的话让我很受启发。于是,我主动找到陆老师,提出想跟他合作,但被他拒绝了。他说:我已经跟人家合作了,不能拆人家台。再则,你还年轻,不能给人留下"抢饭碗"的感觉。如果不说相声,用别的形式,我可以考虑。

我立马说道:你不是还会快板吗?要不咱俩上个数来宝试试?

陆老师说:这个可以有。

倪明(右)、夏文兰(左)与喜剧名家李琦先生在一起

于是就有了我们爷儿俩的第一次合作，演出的节目就是数来宝《该怨谁》。

我前面提到，《该怨谁》是山西快板名家王秀春的作品，说的是"上梁不正下梁歪"的教育问题，那是我在部队学习以后带回来的，在盐城演出以后，反响非常强烈。没想到，几年前的一个作品，现在居然派上了大用场，真像许多老先生所说，"艺多不压身"。当时很多家长都觉得这个作品针砭时弊、切中要害，文化主管部门也为盐城舞台上出现了这么一对"老少配"感到欣喜。打那以后，一些重要演出，都点我和陆老师的这段《该怨谁》，这也为我后来进入文化单位工作打下了良好的基础。

熟悉曲艺的朋友都知道，数来宝讲究"眼快、心快、嘴快"，要求演员眼睛里看到什么，必须马上心里编好词，嘴上还要立刻唱出来。所以说，曲艺最吃功夫。

可能因为年龄大的缘故，加上毕竟不是专业演员，陆老师不怎么爱背词。特别是有些关键段落，他干脆写在了大板的背面，密密麻麻的大字小字，只有他自己能看明白。我说他怎么有事没事老盯着大板看呢，敢情找词呢。

有一年夏天，那叫一个热啊，别说演出了，坐那不动就一身的大汗。那天我们爷儿俩刚上台，还没三分钟呢，他找不着词了，因为天气太热，手上全是汗呐，汗一淌，大板后面的字全模糊了，他不知道下面该说什么了呀！到底是老演员，他很有经验地过渡了一句，直接扔给我了：数来宝，俩人说，这个时候该你说。

我一听，哪有这句啊，这不是忘词了吗？我也不含糊，随口一句扔过去：根本没有这一说，该你说时你就说。

他还对付：不是不想对你说，是我没法对你说。

我说:该你说时你就说,你要不说谁来说。

这时候,观众席上突然站起来一位老大妈:你俩谁也别说了,回家睡觉!

全场哄堂大笑。

就在我跟陆老师合作得非常顺心的时候,盐城成立了"计划生育宣传队",要到各个乡镇巡回演出,这对我来说是件求之不得的大好事。但对陆老师来说可犯难了,一来工会工作不允许他那么长时间不在岗;二来他两个心爱的女儿年龄还小,需要有人照顾;三来他爱人有点儿不放心。你想,那么多的"女粉丝"老追着他问怎么打扮,搁谁也不放心啊。

就在我非常纠结的时候,陆老师拍着我的肩膀说:放心吧,我知道你喜欢舞台,已经跟王红专老师说好了,让他跟你合作,说相声。

也就是从那一次分手后,我跟陆老师再也没有合作过。虽说偶尔有联系,但他离舞台越来越远了,直到 2005 年他去世的时候,我和文兰专程从外地赶回盐城,向他的家人表示慰问。如果说一个人要想成就某个事业,需要三分努力、六分运气、一分贵人扶持的话,不要小看这一分,关键时候必不可少。

陆建华老师无疑是我生命当中的第三位贵人!

接下来跟王红专的合作就有点顺理成章了。关于王红专的故事,我后面有专门的篇章介绍,他也是历经磨难终成器,弹指一笑六十年。

八、天津学艺

从 1982 年到 1984 年，我在盐城的文艺舞台上折腾了两三年，一直没有找到新的突破和希望。正在愁眉不展的时候，从曲艺之乡天津传来了好消息，由《天津演唱》杂志编辑部、天津市群众艺术馆联合主办的"首届全国曲艺培训班"将在天津举办。我顿时眼前一亮，但很快就没了信心，原因很简单，我根本拿不出上千元的学费。文兰一听就不高兴了。她说："你这么喜欢相声，这么爱学习，又有这么好的机会，你为什么不去啊？学费的事我来想办法。"

没过两天，也不知道她从哪儿想的办法，递给我八百块钱说：这可是我和几个好姐妹共同凑起来的，你得好好的学点儿真本事回来，可别让我们失望了。

说着话，还递过来一台红梅牌袖珍收录机，这在当时可是件豪华"奢侈品"，一般人用不上，也没处买。她连空白磁带都准备好了。此时此景，你说我能不感动吗？我紧紧地拉着文兰的手颤抖着说：太谢谢了！还有电池呢？

文兰"扑哧"一乐说：早就给你准备好了，全在行李箱里啦。

带着文兰满满的祝福和期望，我踏上了去天津的路程。

那时候，从盐城到天津极不方便，先要坐八九个小时的大巴到南京，然后倒公交到火车站坐火车到天津。因为要节省，卧铺当然是不敢买，一直坐了一天一夜的硬座才来到天津。当时的天津也没什么出租车，满大街都是"马自达"（南方人对电三轮的叫法），到处乱窜。不像现在,高楼耸立、道路宽敞、海河清澈、鸟语花香,一看就是个大都市。

要说天津人就是实在,当我坐着"马自达"摇摇晃晃地来到宾馆时,开车的师傅非要给我发票。我说我不用,他说你必须要留着,报销的时候有用。我脑子里根本没这概念,也没当回事,当回到盐城时,我才发现那张发票是人工画的。

培训班被安排在天津的东郊宾馆,来自全国各地的学员欢聚一堂。有文化馆的、文化宫的、曲艺团的,还有不少部队文工团的,加起来足有二百人。里面有说相声的、唱快板的、讲故事的、说评书的,还有几个变魔术的,可谓是八仙过海,各显神通。我和"光头笑星"陈寒柏就是在这个班上认识的,他当时在大连工人文化宫文艺科工作,有着一脑袋稀松鬈发,不像现在完全成了"不毛之地"。当时班上还有耿俊奇、徐小凡、胡振江等诸多高手,一个个都技艺了得。特别是徐小凡,后来还成了中央电视台著名栏目《同一首歌》的总策划和总撰稿,可惜英年早逝,令人唏嘘。

学员们本事不小,讲课的老师更是才高八斗、学富五车,据说是新中国成立以来级别最高的。有喜剧大师侯宝林、相声泰斗马三立,著名作家柳青、冯骥才,著名编辑王决、田维贤,曲艺作家赵连甲等。

人家来学习都是可以回单位报销的,只有我是自费来的,这自然引起了主办方老师们的关注,我在这个班上创造了三个唯一。

第一:我是唯一一个自费来的。

第二:我是唯一一个从南方来的。

第三:我是唯一一个年龄最小的。

正是这几个唯一,让宋勇、高玉琮、刘梓钰等几位老师对我刮目相看,经过请示和商量,他们决定免去我的学杂费,让我轻松学完全部课程。这一决定,又让我成了这个班上唯一一个不交钱就可以听课的人。害得陈寒柏听到之后直跺脚:早知道我也说我是自费来的,我还是骑着自行车从大连来的,我都俩月没吃饱肚子了。我要把这钱省下来能买多少酒喝啊。

也不知道他是怎么想出来的。

从那以后,我跟寒柏成了无话不谈的好哥们儿。当时的通信手段不很发达,我们唯一交往的方法就是书信往来,几乎每个月能有两三封,不是彼此问候,就是作品交流,就这样前后保持了足有五年左右。文兰有一次开玩笑说:你给寒柏写的信,比给我的情书还要多。

就是在这样的情感交流之下,才有了我们跟寒柏多年"联穴"的经历。这是后话。

除了享受到了免费"待遇",宋勇、高玉琼二位老师还交给我一个特殊的任务,那就是每天随车接送来演出的各位艺术家。这就让我"零距离"接触到了马三立、郭荣启、王凤山、常宝霆、白全福、苏文茂、刘文亨、魏文亮、马志存、孟祥光等多位大师。还有当时也算小字辈的刘亚津、戴志诚、郑健、王宏等。他们也是逮谁管谁喊着"师叔""师大爷"。一看就知道,这个行业等级分明,规矩多多。

那一阵,不仅每天欣赏到他们不同的节目,还能近距离地听他们"调侃""砸挂""团春",甚至讲一些"民间笑话"。很多不明就里的人对我跟天津相声圈这么熟悉不以为然,其实,他们哪知道,要从根上说起,我也算是正宗的"天津腿儿"。我之所以身上有很多相声圈里所谓的"江湖色彩",主要就是受那个时期的影响。

我一直觉得,相声界的好多规矩和礼节,如果把它用好了,会让人受益匪浅，要是把它用歪了，那就是"损人不利己，祸国又殃民"了。关键还是看什么人在用。相声界"坑蒙拐骗""抠眼挖相"的人也不是没有，说好听一些是为了生存，说不好听就是"人渣"。他们自己在台上胡说八道、满嘴放炮，台下行为不端、恶语伤人，弄得观众不明就里，以为相声界是一团漆黑，简直就是江湖黑道的"缩影"。于是，相声界的负面新闻不断。观众当面听着哈哈笑，笑完背后就骂街，相声人又成了人们眼里的"欢喜虫"了。仅有的一点儿社会地位很快就丧失了。有些人，甚至连"师傅"和"师父"还没弄明白呢，你怎么让他尽孝守道啊。当然，没有感情的师徒关系，肯定不会有什么好结果，这种情况在相声界也不占少数。在这方面，李金斗、张志宽等老师，为我们树立了很好的学习榜样，他们对师父、师母和长辈的尊敬、尊重，对同人的道义、仗义，才是相声界和曲艺界应该提倡和发扬光大的。我一直感到自豪的是，跟很多相声演员比起

如影相随

来,我接触到的北方相声前辈可能是比较多的,收获的东西自然也不少,至少它成了我痴迷相声这么多年的动力。

老师们待我不薄,我也不能小家子气。每天晚上下了课,只要一看见宋勇老师跟常宝霆、白全福等几位老先生"聊活",我无论如何也要想办法"混"进去听听,一看到点了,赶紧拿出事先买好的牛肉、驴肉、花生、萝卜,让他们当消夜吃,白老爷子拍着我的脑袋说:"行,这小子知道这里边的事。来,我给你过一块老活。"

当时他说什么我没听明白,倒是宋勇他们几个乐翻了天,后来我才明白,这就是所谓的"臭活"。您可别小看了这"臭活",它里面蕴涵着许多技巧和方法,如果运用得当,绝对高人一筹。现在想想,我当年之所以热衷于拜师、叩瓢,都是在天津受的影响。以至于有一天在接马三立老爷子的路上非要让他单独给我讲个笑话。我一说魏文亮先生马上不干了:"你小子胆可真大,你敢让马老祖给你说笑话?你就是个笑话!"

倒是马老爷子一边抽着烟,一边乐呵呵地对我说:"孩子,咱这买卖得使对地方,千万别走哪儿使哪儿,那就不值钱了。"

老爷子的话,当时我不怎么明白,后来慢慢明白了,现在是彻底明白了。他这是在教导我们如何学艺、如何做人。

别看我们这个班上藏龙卧虎、高手如云,但到了天津这块风水宝地,一般人也就相形见绌了。有一位来自东北的哥们儿,自以为快板说得不错,还自定为"李派"特色,那天交流课上,哥们儿正说着呢,从后面上来了个大胖子,他自报家门说是厨房的厨子。只听他很谦虚地说:"各位,我知道你们都是当地的英雄豪杰,也知道各位身怀绝技,但您要说您这是'李派'快板,那我就得跟您掰饬掰饬了。我虽然不是干这(介)个的,但我打小就听李润杰,他打板绝对不会这么花哨。他主要在是讲故事、刻画人物。他得是这（介）样。"说着话，抄起了快板，一个亮相，立马跟换了个人似的。从《劫刑车》到《抗洪凯歌》，从《鲁达除霸》到《三打白骨精》，一气唱了个遍，唱完之后面不改色心不跳，还郑重地告诉那位东北哥们儿：这才是李派。你要那么唱就是"高派"，你要这么唱就是"王派"。你要瞎唱那就是"胡派"。

听得东北那哥们儿都傻了：您就别寒碜我了，干脆我拜您为师得了。

胖子说：不必磕头。

他到不客气。

因为在天津学艺的关系，从此跟天津自然结下了不解之缘。

除了亲耳聆听过一些相声大师的教诲，我还与很多老师、同行成了忘年交、好朋友。像宋勇、高玉琮、王宏、赵宇、袁春起、夏璟华等。包括中国小剧场的领头羊、天津谦祥益文化传媒公司的老总史清元先生。

我一直认为，谦祥益是中国相声小剧场的开拓者、创新者、引领者。它理所当然地应该成为中国相声小剧场的一面旗帜。

我跟清元先生虽谋面多次，每回到天津也没少麻烦他，但私下交流的并不是很多，我甚至还犹豫过要不要跟他深入地交往。

江湖人都知道，宁带千军万马，不带什样杂耍。能把一帮说相声的管理得服服帖帖，那人得有多大能耐。何况他还得"上蹿下跳"跟曲协、文化等部门的领导打交道。不敢说神机妙算，最起码也要足智多谋。就我这智商跟他打交道，早晚也是把我卖了还帮他数钱。

没想到，2017年的"天津相声江苏行"，让我们有了一次深度接触并且畅聊的机会。他坦率地表露出对相声生存状况的不满，我也直接表达了对这个行业的很多困惑。没想到我们对从业人员的素质、修养、品质、品位,包括艺德、规矩等方面有诸多想法不谋而合。

毫不夸张地说,谦祥益文苑为中国相声小剧场树立了一个很好的标杆,打造了一个很好的典范。假以时日,谦祥益一定会在相声文化和相声产业方面形成自己独特的商业模式。就像过去很多老先生说的一样,谦祥益给相声领域带来了产业和大批的人才储备。

就在这次的巡演结束时,史清元先生特意给我颁发了谦祥益天津相声南方地区推广形象大使的聘书。这也算是我跟天津相声结缘的延续。

天津人有句话:嘛也不说了,值了!

我要代表文兰说:天津,我爱(奈)你!

九、意外收获

天津学艺回来让我信心大增。一回到盐城，我的好哥们儿、《盐阜大众报》的记者吕解生就在报纸上给我发了一张大照片，是我在培训班上跟一位老评书演员合作演出的剧照，颇有点姜昆、李文华的意思。

别看一张小小的照片，立马引起了社会的关注。当时的报纸可不像现在这样没什么人关心，那时候，上了报纸就等于上了头条，很快就有演出团体来找我合作。那一年，"走穴"刚刚开始，我毫不犹豫地就加入其中了。正好文化馆也派人来找我洽谈，问我愿不愿意去工作，我当然一百个答应，正赶上国家第一次人事制度改革。就是说，只要用人单位接收，本单位又愿意放人，直接就可以带着档案报到。这种程序好像后来再也没有出现过。说是这么简单，但操作起来还是很难。就在盐城文化馆看上我时，出现了一个意想不到的情况，他们需要我帮他们演出一个小淮剧，领导明确表态，如果冲进省里的小戏决赛，一路绿灯；如果进不了，再作考虑。成败在此一举。

说起来非常有意思，也是命里该着。

当时在文化馆工作的两位老大哥陈明、李更生合作写了一出反映工厂改革的小戏《张榜记》，江苏省文化厅的专家在看了这出戏之后，对扮演剧中"梁三"的男演员怎么看怎么不满意，后来这个戏越改越麻烦，导演换了五次，女演员换了四次，梁三换了六次，陈明、李更生也是越看越生气,也不知谁出了个"馊主意",说何不让那个会说相声的倪明来试试呢?

真是话不说不透,砂锅子不打一辈子不漏。

当文化局、文化馆的领导决定起用我时,已经是夜里十二点了,当时又没有便捷快速的通信工具和联系方法,他们只好通过另外一个曲艺爱好者来找我。可气的是,那时正好赶上公安系统第一次严打,而且抓人基本都在凌晨。当他们通过派出所的民警,找到那位爱好者时正好凌晨两点。因为不知道这位家在几楼,所以民警只好大声叫唤。"某某某出来、某某某出来……"害得人家小区第二天到处传说某某某被抓了。我当时也是跳出苦海心切,不管三七二十一、稀里糊涂地也就答应了。

仗着初生牛犊不怕虎,前面又有那么多的版本,我是依样画葫芦,照本宣科。最可乐的是,因为有五个导演给说过戏,其他两个演员早就给排蒙了,唯独我,提到哪个导演的动作丝毫不差。但毕竟一天戏没学过,咱身上的玩意儿是一点儿没有,为此,现在已经是著名剧作家的陈明没少拿棍子敲我。功夫不负有心人。当江苏省文化厅专家小组再次来看戏时,我煞有介事地粉墨登场了,因为下的功夫很大,也因为在盐城已经有了一点儿群众基础,那天剧场演出效果非常好,本来是一出正剧,愣让我演出了喜剧的味道。很多人说:没想到,这个说相声的倪明还能唱淮戏。

专家们的评价更可乐:你们明明有这么好的演员,干吗不早点让我们看?要不然早通过了!

在专家们的肯定和鼓励下,我们带着小淮剧《张榜记》来到了南京,就在正式演出的过程当中发生了一件意想不到的"舞台事故",差点没让这个戏全军覆没。扮演办公室主任的那个女演员,可

《听众热线》演出照

能因为太紧张了,居然把要张贴的榜忘在了台上,如果不处理一下拿下去,后面整个戏就不存在了。我发挥了曲艺的特点,巧妙地把她喊回来,让她把榜带了下去。这算是救了这个小戏的场,也算是立了一功。等我一下场,陈明差点没把我抱起来:乖乖,要不是你,这个戏就算完蛋了。

省里演出获奖回来,我很顺利地就到盐城文化馆报到了。但其中有个细节别人并不知道。我所在的单位并不愿意放人,是文兰找了她的一位在公安系统工作的远房叔叔,才得以顺利地办了放人手续。因为我们车间主任跟她远房叔叔是战友。很多人误以为我是说着相声、打着快板调进文化馆的,其实,我是唱着地方戏"混"入文化队伍的。没想到,这一干,就是一辈子。

在我正式跨进文化馆大门的过程中,当时的盐城文化馆老馆长薛国芳先生起到了决定性的作用。

是他让我在关键时刻发挥了作用;

是他让我利用政策空间减少了不必要的手续、一步到位；

是他在我事业的起步阶段给予了时间和机会。

薛国芳先生无疑是我生命当中最重要的贵人。尽管他由于种种原因早就离开了文化战线，甚至离开了盐城，但他身上的那种人文情怀、文化品质以及大刀阔斧、大胆创新的工作作风和意识，一直在影响着我。

有一年春节前，我们在从北京回盐城的火车上相遇了，他现在是国家文物局中国文物保护基金会文物鉴赏专家，是淘宝市场上炙手可热的"抢手货"。要不说一个人只要有真才实学，走到哪儿都有饭吃，所谓是金子到哪儿总会发光。当时我看着他满头的白发，他看着我额头的皱纹，我们感慨万千。都说岁月是把杀猪刀，这话真是一点儿不假。我们彼此祝福，并相约一醉方休。

我记得进文化馆报到的那天，误进了美术部，当时几位老师正在画画，一听说我是工厂调过来的，立马产生了不屑，有一位老师一边拍着大腿一边叹气：唉，文化馆尽来一些没文化的人，将来可怎么办啊？

当时没怎么理解，后来才知道，跟我同时调进文化馆的还有在商店里面站柜台的、剧团里面打字幕的。要知道，那时候的文化人是很让人尊重的。难怪人家瞧不起我们了。

经过多年的努力和实践，我后来居然当了盐城文化馆的馆长兼党支部书记，还是那位画家一边拍着大腿一边冲着我乐呵呵地夸道：当时我一看你就像个搞文化的人！

感情文化人也说假话。

还是陈明说得好：是金子总会发光的，是"疖子"总会出头的。

就是这个陈明，当年的一句话，刺激了文兰和我好多年，也让我们有了一个看书的好习惯。

熟悉文化馆工作的朋友都知道,文化馆当年再穷,但每年的报纸杂志是不会少的,只要你愿意阅读,单位都会帮你订阅一些,然后大家交流着看。那时候文学杂志特别火,像《中篇小说》《十月》《收获》《当代》等,都是引领文学和电影创作的权威性刊物。但一般人根本看不到,因为这些杂志除了是给搞文学创作的陈明专门订阅的外,还有一道坎过不去——陈明的爱人就是图书管理员,其他人也根本拿不到这些杂志。

有一次喝酒的时候,陈明对马季先生的《五官争功》评价很高,他坦率地说:你们这些搞语言艺术的人,什么时候把相声上升到文学的高度,相声就有希望了。我给你们指条明道,多读书、多看书。

这句话让我和文兰无地自容。因为说实话,平常除了相声,我们没想到多去看书或者那些杂志。打那以后,文兰想了个好办法,她"收买"了专门送报纸杂志的邮递员,还跟门房的陈大爷打了个招呼,但凡文学类的杂志到了,先让我们过目。就这样,半年以后,我们跟陈明有了很多共同的话题。也就在那个时候,我们知道了河北的"三驾马车"、湖南的"官场文学"、河南的"黑色幽默"。至于梁晓声、王蒙、刘震云、高满堂、方方、池莉等当代作家的书籍,也成了我们茶余饭后的必读品。有时候文兰还会推荐她觉得不错的小说给陈明看,陈明说最近工作太忙,根本就没时间看小说。

文兰跟他"砸挂"说:"那可不行,您现在搞剧本创作,如果剧本失去了文学性,那这个戏肯定不好看。所以,您要让唱戏的演员一定要多读书,否则,错别字连篇,那就成笑话了。"

陈明也不示弱:"我一定把说相声的话带给唱戏的听。"

十、无奈合作

伟大的思想家鲁迅先生曾经说过:世上本没有路,走的人多了,也就成了路!

在跟文兰合作之前,我从来没有想过要走男女搭档的路子。但当你的追求在生活当中处处碰壁的时候,你不得不换另外一种方式来面对现实。

从部队回到地方,再从工厂到天津学艺,我觉得自己只要坚持走相声创作、表演这条路,也许能蹚出一条路来,尽管这条路具体的方向在哪儿我也说不清楚。但我心里明白,只要努力,肯定能离开工厂。

我那时候除了上下班,其他时间都用来琢磨曲艺和相声。经过不断的寻找和追求,我几乎合作过盐城地区所有喜欢相声的人,但最终都分手了。一是我年轻气盛,说话耿直;二是各自对艺术的理解差异太大;三是性格不同、志趣不一。有些人平常看不出什么来,一旦合作,立马就不适应了。最大的区别,我当时还没结婚,人家那些位早已经成家立业的,想排个节目都很难,尽管他们也喜欢相声,但远不是我想要的那种感觉。那时候,尽管工作很累很苦,但只要有演出,我都想方设法地登台"献演",对方没时间排练,我就抓紧时间在车间干完活,然后,飞快地骑着自行车到合作者的车间,一边帮他干活,一边对台词。有时候,在人家家里头一对就是大半夜,不把他们家的三壶水喝完不算完。当时人家可是新婚,就靠着三壶水过日子呢！我反正不明就里，直到人家老婆脸色不悦，我这才"依依不舍"地离开。要知道，他们家住城北，我家住城南，这一骑，来回就是二十多千米，大冬天的也没钱消夜，就靠着背台词坚持骑到家，第二天依然坚持跑步、练绕口令。

让我和文兰不能容忍的是，有些合作者，根本就不是为了相声，而是拿这个当"敲门砖"。

有一位现在在当地算是"混"得不错的主儿，当年为了跟我学相声，几乎是我到哪儿他追到哪儿，一有机会就央求着合作。当时，我们成立了一个曲艺队，他充其量是个开场的角色。当有一天，他私底下跟我的合作者达成利益默契时，居然置我们整台演出于不顾，直接"叛变"加入了另外一支队伍，让我们曲艺队差点儿瘫痪了。几年以后，这位"叛变者"以各种各样的方法缓和了与文兰跟我的关系，我们也善良地没当回事。道理很简单，当时我们的事业和

《同志变奏曲》演出照

45

生活,正处于上升期,所谓大人不记小人过,也就没和这位计较。但我们忘了,小人永远只是小人。若干年后,这位"叛徒"的晚辈要到中国北方曲艺学校学习曲艺,文兰和我一如既往地帮他们想办法、托人情,终于让这孩子"混"进了"革命"队伍,孩子对我们还算客气,现在干得也挺好。没想到,当这孩子结婚想邀请我时,孩子的这位"叛徒"长辈居然没让邀请。说是倪明已经没用场了。

我突然想到了一则寓言故事《农夫与蛇》。

还有一位合作者,竟然能在演出之前断然告知不来参加演出了,原因是主办单位有人得罪他了。我不明白这里边到底发生了什么? 正在沮丧的时候,文兰拉着我的手说:"什么也别想了,我陪你去做做这个人的工作,看看能否请他来救个场。"

当我和文兰满怀希望,冒着寒风大雪,坐着三轮车赶到这位"角儿"的家时,人家两口子正在被窝里享受着温暖呢,还没等我们说话,那位的太太立马严词拒绝,说出来的话,那叫一个难听……

我当时并不知道"戏比天大"这句话,但作为一个男人,我第一次当着文兰的面流泪了! 就在那天晚上,我发誓再也不会跟这些人合作了!

也就在那天晚上,文兰小心翼翼地提出了自己的想法:你敢不敢创新? 只要你不嫌弃,咱俩可以合作啊?

自此,我和文兰合作的想法产生了!

那时候交通不便、信息闭塞,根本没有出去学习的可能,我们只有每天通过电台来收听曲艺和相声节目,然后分头去记录,最后再相互碰撞。如果听到有什么相声专场演出,请假扣工资也要去观看,只要有一点儿有用的东西,我们就会慢慢地融化在我们自己的节目当中。慢慢地,我们找到了需要的那种感觉。

真要感谢我的那些合作者,如果没有他们的拒绝和羞辱,我和夏文兰也许就不可能产生合作的念头;没有我们当初的合作,就不可能成就我们三十多年的婚姻,也就不可能让我们在相声舞台上折腾出这么多的动静!

事实上,在跟文兰合作之前,我还求过另外两位女演员,但不是人家自己不乐意,就是家人坚决反对。好像只要一说相声,天就要塌下来了。

马云说过:一个人在你的成长过程中,除了你的努力、勤奋和运气之外,一定要学会感谢你的对手和敌人,因为是他们让你变得坚强和壮大。

这点感受,文兰和我尤为深刻。所以,在我们三十年的合作过程当中,我们从不向邪恶低头,也绝不为"五斗米"折腰。即便在我们最困难的时候,也是靠自己勤劳的双手和充实的劳动,来赢得别人的一份尊重!

十一、初试牛刀

说来非常有意思,就在文兰和我产生合作的想法时,从黑龙江省佳木斯的农场来了一支相声演出团队,领头的叫范冠军,据说我的恩师姜昆先生上山下乡的时候也曾经也跟他合作过。那时候相声火爆,稍微有点本事的人就可以组团带队全国各地到处跑,一边旅游,一边挣钱。要不然20世纪80年代怎么会有那么多人下海说相声呢。那个时候,不管是唱戏的、演话剧的,还是拍电影的、当主持的,会说的不会说的,都能上台说上一段,以致后来观众看到相声就反胃,听到"反正话"就骂街,就是那时候闹的。这也成了当时某些相声演员"调侃"的现象。

黑龙江的这个演出团里正好有一对男女相声,好像也是两口子,女演员姓杨,跟文兰一样,有着一副好嗓子,特别是模仿马玉涛、关牧村等女中音,那真是一绝,加上男演员的插科打诨,剧场效果相当的火爆。都说艺术是从模仿开始的,我和文兰也不例外。文兰用速记法,迅速记住了女演员的台词,我也悄悄地记下了男演员的台词,到家这么一对词,还真像那么回事。我那时候嗓子还行,在台上简单模仿一下李双江、蒋大为,也能叫下好来,不像现在完全是"公鸭嗓"了。至于为什么嗓子哑成这样,我后面另有表述。

就是那次看完了黑龙江那对夫妻相声之后,我们信心倍增,很快就装起了第一块"活",叫《学唱歌》。与其说是相声,不如说是对口词。因为文兰压根不知道什么是相声,她只有依葫芦画瓢,跟着感觉走。在慢慢适应的过程当中，文兰渐渐找到了感觉，她建议，把自己不适应、不喜欢，特别是不是自己性格这方面的部分都去掉，尽量展现作为一个歌者的才艺就行。别看当时文兰没有任何曲艺理论基础，但她的这种设计，不就是从人物出发来演绎节目内容吗？这才有了我们后来在业内非常火爆的一个小段《后仨字》，还被冯巩用在了电影《心急吃不了热豆腐》里面，连女主角取的名字都叫"马文兰"。普通观众根本不明白，而一些行内人一看就明白了。

有了现成的段子，剩下的就是台上见了。经过几天紧张的排练，我特意把吴建龙、孔平等几个发小全部聚集到了朱建明的家里。

《我上春晚了》演出照

要说朱建明也算是个人物。当年我们几个发小当中，只有人家是正儿八经的知识分子家庭，剩下的都是平民百姓出身。高中期间，人家的目标是考名牌大学，而我们几个根本就没这个概念，该玩的玩，该耍的耍。对此，人家父母非常反对，以至于其他兄弟到他们家找朱建明玩,人家家长是坚决反对,甚至关门不让进。唯独我嘴巴乖巧,每次找朱建明玩,都"装得"那么彬彬有礼,还没到门口呢,就叔叔阿姨地喊个不停。问我来干吗,我说找建明请教学习上的事。这样一来,我们哥儿俩不仅能关上门名正言顺地玩儿会儿扑克,还能在他们家"蹭"上一顿饭。若干年以后,建明辞去了一家企业副总的职务,自己到南京注册了一家公司,现在干得也是风生水起,而其他几个小哥们儿,因为人生经历不同,价值观也不一样,加上不在一个城市,现在几乎不怎么来往了。这也是我拒绝参加任何同学会、战友会的理由之一。本来吗,从小一起长大的哥们儿弟兄情感不过如此这般,现在连名字都叫不上来的同学,真没什么可说的。不过,我和文兰的第一次演出,还是得感谢我的这帮发小。

因为朱建明家里比较宽敞,所以除了征求他们对段子的意见,还像模像样地给他们认认真真地演了两遍,他们就跟朱奇一样煞有介事、不懂装懂地指点江山,然后,饱餐了一顿文兰给他们买的猪耳朵、汤沟酒。一边吃还一边说:你们这个节目还不成熟,明天晚上我们还要再审查一次。

他们还吃上瘾了。

经过认真的准备,就等正式演出的机会了。正好,我原来所在的江动厂要举行元旦联欢会,我毛遂自荐地跟工会领导说:可以加演一个相声吗?

领导正为节目犯愁呢,二话没说,立马就同意了。

寒冬腊月,气温很低,文兰和我在工友们新鲜、期盼的掌声中登场了。本来一段十分钟左右的相声,我们俩愣说了将近二十分钟,除了不停地被大家热情的掌声和叫好声打断,文兰还即兴加了两首歌,我也"人来疯"似的在台上拼命"撒欢儿",等到从舞台上下来,文兰穿的羊毛衫几乎都湿透了,我心疼地说:"你太卖力气了!"

文兰淡淡地说:"其实我是紧张得给吓的!"

这一吓不要紧,从此就一发不可收拾了。相声舞台上从此有了一个南方女孩子的身影,她的故事也由此慢慢开始书写。

在文兰刚刚登台的时候,在舞台上出错是常有的事。有一次跟东方歌舞团合作,她在台上跟我说《反正话》,本来最后一句应该是我喂猪,我接着说:猪喂我。然后观众才能大笑。那天她也不知怎么了,突然最后跟说:猪喂我。我赶紧接:那你吃去吧。然后我们俩非常尴尬地走下舞台。还没等走到边幕条边上呢,我顺腿就踹了她一脚。这也是我这辈子唯一的一次对她动武。这一踹不要紧,演出还没结束她人就没了。剧场四周根本就没她的人影,团长怕出问题,赶紧安排所有人员四处寻找,都快到夜里十二点了,才在街中心的公园边上找到了她。我这后悔到要死,她倒好,在马路边上的灯底下看人家两个老头下象棋呢。俩老头以为她懂棋呢,他们哪知道,文兰在找工兵,她一直以为他们是在下军棋呢。

十二、寒柏崴泥

随着我们业务的不断成熟,来找我们"联穴"的文艺团体也是越来越多,这里面既有体制内被承包的正规歌舞团,也有什么都不懂就敢买个许可证全国各地乱串的"野鸡团"。在跟这些团队"走穴"的过程中,合作得最多的要数现在于铁路文工团工作的陈寒柏了。

自 1984 年到天津学习之后,我和寒柏成了非常要好的朋友,彼此之间几乎每个月要有两三封书信往来,更多的是作品的交流。经过几年的交往,我们俩的书信加起来能有一百多封,文兰曾经非常"嫉妒"地对寒柏说:你们俩是同性恋吧?倪明给你写的信,怎么比写给我的还多呢?

寒柏也不吃亏:你可拉倒吧,就倪明那个"熊样",也就你能花了眼看上他,别人谁稀罕呢?

文兰也不示弱:怎么的,不服啊?嫁鸡随鸡,嫁狗随狗,嫁给倪明我就愿抱着走!

正是因为有了非常好的朋友基础,当寒柏到南方一带演出,特别是到了江苏境内时,一定会向我们发出邀请,我们也尽可能地请假加盟。要知道,20 世纪 80 年代,文化单位的管理还是非常严格的,加上都是一些老同志执掌,思想观念还比较传统、保守,要想请假出来演出,真是比登天还难。为了"走穴"我们也是想尽了各种办法,理由也是花样百出。什么"胃疼""肝疼""肚子疼","腿疼""脚疼""脑袋疼"。今天姨奶奶住院了,明天大姑父抢救了。反正八竿子打不着的亲戚全扫了一遍。有一回，我跟老馆长请假，说我爸爸姨兄弟的大哥他姥姥的外祖母去世了，馆长愣了半天说：这个人好像去年已经走了，你们家到底还有多少亲戚。

尽管请假难，但我们是铁了心地要出去闯荡，一来业务提高得快，二来收入也来得快。

1986年的夏天，寒柏跟着大连曲艺团来到了江苏。由于演出人手不够，他就向承包人大赵推荐了我们，后来我才知道，敢情寒柏出来的假也不好请，也是编出各种理由往外跑，合着他们家远房亲戚也轮了好几遍了。

那时候，我们的演出劳务是按相声传统的"打分制"进行分配的，拆装台另外还有补助。曲艺团队本来人就少，一场下来，文兰和我一天能挣七十多，如果赶上加场，那就是一百多。这在当时绝对是高收入了。收入是高，但吃的苦头也不少，每到一个台口，演员要当搬运工，然后要当装卸工，接下来还要当电工、场工，最后是集灯光师、音响师于一身。

有一次，我跟寒柏负责装灯。说是装灯，其实也就是几盏老式的大回光灯。那个剧场是很老的一个旧剧场，要装灯，必须要从剧场前面的大厅天桥走上好几十米，才能到舞台上方进行操作。我和寒柏一人套着一捆绳子，战战兢兢、颤颤巍巍地从天桥上摇晃着向舞台方向爬去，寒柏本身是东北人，人高马大，久未修理的木质天桥，哪承受得了他那么大的压力呀，只听"嘎吱"一声，我们俩连人带绳子一下子从天桥上坠了下去，幸亏当时有绳子套着，要不然用寒柏的话来说，我们俩可能当时就彻底绝育了。类似的故事还有不少，但我们当时的感觉就是，苦并快乐着！

那一年的冬天，在苏北灌云一带，眼看着就要过年了，但为了保证年初三的演出，寒柏他们几个东北哥们儿一致决定，不回家过年了。之所以不回家，一是因为往返很不方便，二是车票既不好买，费钱也不少。不回是不回了，但快到春节了，家家忙得热火朝天，谁还有心思到剧场听相声啊。大年三十的下午，几乎所有的商店、饭店都关门了，只有路边有个卖猪头肉的小摊还没走，"带穴"的大赵难得一见地抓了一把钱，朝卖猪头肉的说：你摊上的东西我全包了。

参加首届中国相声节与陈寒柏、邹德江等在一起

其实，当时摊上就剩几根猪尾巴了。我们仨人就坐在马路牙子上，一边咬着猪尾巴、喝着汤沟酒，一边流着泪交谈着。我跟寒柏好歹还算吃了两根猪尾巴，大赵酒没少喝，但猪尾巴一口也没吃着。因为他本来就有手抖的毛病，加上天冷再喝点酒，只看见猪尾巴在他手里来回抖动跳舞，就是送不到嘴里去，我跟寒柏一瞧，反倒乐了：团长就是团长，吃猪尾巴跟别人都不一样，知道的你这是吃猪

尾巴,不知道的,以为你这舞龙呢?

就这么断断续续地跟大连曲艺团合作到了1989年的夏天,我们来到了周总理的故乡——淮安涟水。在此之前,真像曲艺人经常开玩笑的那样"火穴大赚"。尽管条件非常艰苦,但能挣到钱,大家也都是苦中有乐。

那天一进剧场后台,寒柏突然发现了一只死耗子,据说,老艺人们对此很有说道,寒柏也不明白,提着耗子的尾巴带着哭腔说:八爷呀,我来晚了,对不起了,我一定厚葬你!

他正念叨着呢,让文兰看见了,文兰立马说道:寒柏,赶紧放下,你说埋了它,可一定说话算话!

寒柏也没当回事,该干吗就干吗去了。

到了晚上演出的时候,奇怪的事情发生了。前面的演出照常进行,等到寒柏上场的时候,还没说上两句话,就见上场门口,有一只大耗子,足有小猫那么大,带着一群小耗子,排着整齐的队伍,迈着统一的步伐,从上场门一直横穿舞台走到了下场门。一边走一边看着寒柏。这下炸了窝了,台下观众立马像看到了奇观,根本不顾舞台上的寒柏,全部精力都专注在耗子身上了。这种场景寒柏也是前所未见,不仅紧张得满头大汗,而且几根仅有的"稀毛"也都根根直立,就跟怒发冲冠差不多。吓得他下台之后,赶紧刨了个坑,把耗子给埋了。在我的印象中,那是寒柏演出最"水"的一次。几乎是一"泥"到底。相声圈管演出不景气叫"水"了,管演出效果不好叫"泥"了。所以寒柏每次见面都对我说:你瞧你那倒霉名字,姓倪,这辈子你也火不了了。

我要对寒柏说:火不火的没关系,因为相声让我们共同经历了常人难以经历的故事。天生注定,我们这辈子是好哥们儿!

十三、宿迁"倒仓"

经历了后台的"耗子事件"之后，寒柏的情绪非常低落，我们的演出情况也是一蹶不振，收入开始大幅度降低，真是涟水涟水，连着就"水"了。一直到了现在江苏的宿迁，观众人数也没上得来，眼看着就支撑不下去了，可屋漏偏逢连夜雨，就在宿迁剧场的后台，我们又遇上"贼"了。

就是这个贼，给我带来了灭顶之灾，差不多也毁了我的艺术生命。

由于收入的降低，有些演员已经坚持不住，偷偷地跑了，大赵只好演一路借一路演员。那时候，演员都是自带被褥，也不会安排什么宾馆、招待所，基本上都是住在后台两侧的化妆间。按照事先的安排，男演员住上场门这边，女演员住下场门这边，说是女演员，其实也就三个人，一个报幕的，一个唱大鼓的，还有就是夏文兰。住是住下了，可气的是两边都没有门，完全是开放式的。演出结束睡觉前，文兰还跟我开玩笑说：如果夜里碰上坏人，我一喊你就赶紧过来救我啊！

还真让她说中了，那天凌晨三四点钟，我正迷迷糊糊地睡着呢，只听见文兰那边大声地尖叫"抓……啊……"

当时以为是哪个男演员使坏呢，根本就没往别处想，一听文兰叫唤，我二话没说，一个鲤鱼打挺，"砰"一下子，直接就撞墙上了。转过身来，顾不上头疼，迅速冲向文兰她们那个化妆间。一边跑一边也喊着"抓"。可以说文兰"抓"的尾音还没落呢,我这儿的"抓"已经跟上去了,就跟相声里的"追柳"差不多,但这不是"追柳",是追贼。还没等我进去呢,只见一个男的从她们那屋慌慌张张地跑了出来,飞快地跑向剧场的后门。看这情形他对剧场地形完全熟悉,要不然也不会这么轻车熟路。我也紧跟着追了过去,就在那男的拉开后门的一刹那,他突然从兜里拔出一把匕首,转过身来恶狠狠地冲着我说:你再追我捅了你。

我一下子被他唬住了,那个大声的"啊"字也戛然而止,直接就闷回肚子里了,差点儿没一口气憋回去。当寒柏他们几个稀里糊涂地追上来,小偷早没影了,就剩我在那上下哆嗦,浑身打战,脸色吓得煞白,一句话也说不出来。不光我吓傻了,文兰吓得也够呛。原来那个小偷进来之后,拿着她们的小包就想慢慢地爬出去。没想到,文兰睡觉特别警觉,发现有个黑影在地上爬动,知道不是好人,就大声叫了起来。她这一叫不要紧,我整个人都瘫了。从被吓的那一刻起,文兰和我根本离不开了,两人都不敢在一个房间里待着,非要寒柏他们都在才敢睡觉,要不说人吓人要吓死人呢!

第二天,大赵迅速找剧场经理进行理论,说是我们主要演员被吓坏了,你们安全措施不到位,要赔偿我们损失。

可是,经理一番话太可气了:一个小偷就把他吓成这个样子,那要是拿枪打仗,还不吓得尿裤子啊。

经理说话的时候,我看着他边上的那个工作人员觉得面熟,但怎么也想不起来。现在想想,没准他就是那个小偷。

人被吓坏了不要紧,问题是当晚在著名的洋河酒厂有一场包场演出,人家厂方正是看上寒柏和我们这场男女相声才签的约。那时候埋单的一方有个习惯,就是要到现场看演出效果,也算是"审查"，如果演出效果好，往往能当场签约。但中途决不允许换演员，如果被对方看中的演员没到场或者调包，不仅拿不到钱，对方还得通过当地的演出公司罚你的款。那时候，演出公司的权力是最大的，不仅可以安排你到城里还是乡下演出，还可以保证让你盈不盈利。因为，当时我跟演出公司的关系不错，所以，知道底细的外地的同行也愿意找我们帮忙疏通一些关系。

正是因为人家看了文兰和我的演出才签的约，而且人当时就在跟前，你要不上台，对方根本就不答应。可我当时根本就说不出话来了，大赵和剧场经理也是急得团团转，大家一边骂那个小偷，一边想办法，不知边上谁出了个主意，说是中药里面有一种药叫"冰硼散"，专门是给突然不能说话的预备的，谁要是不能说话，吃上几丸，立马能开口说话。但它有个致命的症状，那就是救急不救远，一般人吃完之后，可能就再也没有好嗓子了。不管怎么说，救场如救火，我二话没说，直接服用了三丸"冰硼散"就上场了。当时在舞台

《我要读书》演出照

上觉得还挺痛快,可等到第二天一张嘴,嗓子已经彻底哑了,再也没有恢复过来。反倒是文兰安慰我说:"没关系,你的嗓子没了,还有我呢。你这样正好衬托我啊。"

当我们坚持到安徽蚌埠的时候,天气已经是非常炎热了,剧场里根本待不了人,于是决定"散穴"。就在这个时候,文兰悄悄地告诉我说:她怀孕了。

这个顺利出生的孩子,就是儿子倪夏宇。之所以取这么个名,意味着姓倪的和姓夏的遇到一块了。

就是这个倪夏宇,没少让文兰操心。

那年倪夏宇刚满四个月,还在母乳喂养期间,但当时有个节目非文兰参加不可,她只好放下等着要吃奶的倪夏宇,满面笑容地走上了舞台,刚说到一半,奶水顺着旗袍就溢了出来,台下有些上年岁的女观众一看就明白了,大声喊道:赶紧回家奶孩子吧!

但文兰一直坚持在舞台上把节目演完,赢得了主办单位的高度赞誉和现场观众的热烈掌声。

很多朋友不知道,说相声的最怕笑场,特别是自己爱笑的演员,一笑场那可就收不住,能把自己笑得肚子疼。文兰就发生过这种尴尬的事。

那一年,我们国家进行第一次人口普查,正好之前刚刚在中国举办过亚运会,当时最流行的歌曲就是刘欢、韦唯演唱的《亚洲雄风》。为了增强节目效果,我们创作的时候,就借这个曲调,改了一下歌词。原词的前两句是:"我们亚洲,山是高昂的头。我们亚洲,河像热血流。"我当时把它改成了:"我们中国,人流接人流;我们中国,人口太密稠。"

倒霉就倒霉在"人流"这两个字上了,那天上午文兰到医院看望一个同事,她正好刚做完人流,还没出医院大门呢,又遇到一女朋友,她也是来做人流的。搁平常这事也就过去了,可偏巧下午领导来审查节目,文兰上场刚一张嘴:我们亚洲,人流接人流……哈哈哈哈,她一下子自己先喷了,捂着肚子跑到了台下,弄得看节目的领导莫名其妙,不知道怎么回事。文兰一边乐一边指着我说:"你看你那倒霉词编的,你是觉得做人流的人还少吗?还人流接人流,你知道人流是什么滋味吗?"

合着她把上午看同事的事想起来了。

单位的事情不能耽误,外面的邀约也不能闲着。

20 世纪 80 年代那会儿,娱乐生活非常单调,电视不怎么普及,更没有什么卡拉 OK,老百姓唯一能找乐的就是走进剧场看一些各种各样的"拼盘"晚会,所以"走穴"就成了一种常态,即便是现在仍然活跃在舞台上的顶级的大艺术家也是当年"走穴"队伍当中的常客。至于"穴头"被打、"穴头"欺骗、"穴头"卷钱走人、"穴头"自杀、演员没钱不上场、演员半途撤回的事屡见不鲜。

我们那时候因为会儿得多,舞台上站的时间长、剧场效果好,所以基本上闲不住。尽管娱乐了别人,但我们自己的生活却特别的枯燥。为了打发时间,我喜欢上了武侠小说,什么金庸的《天龙八部》《射雕英雄传》《书剑恩仇录》,梁羽生的《萍踪侠影录》《七剑下天山》《白发魔女传》,古龙的《楚留香传奇》《风云第一刀》《铁胆大侠魂》等。尤其喜欢古龙的小说,那一幕一幕就跟看电影似的过瘾。古龙的小说有个最大的特点,永远没有高手。不光我爱看,文兰也特别爱看,不仅喜欢看,还到处给我买。可乐的是,有时候防止我先看,她把书买来后悄悄地藏在行李箱里,等她想看时,我已经偷偷地看了一大半了。

有一次我想看看楚留香的结尾到底是怎么回事，文兰死活都不让我先看，说着说着俩人可就抢起来了，眼看着书就要被撕坏了，在一旁的陈寒柏不干了，因为他也是武侠迷。寒柏赶紧过来劝我们俩，这六只手可就交织在一块儿了。都说人怕急，马怕骑，兔子急了也咬人，文兰一看抢不过我，干脆用上了"暗器"，照准了中间那双手"咔嚓"就是一口。我倒是没什么，只听寒柏"哎哟"一声，敢情文兰咬到他的手了，并且很快就起了牙印。要说文兰到底是属蛇的，这一口咬得是又圆又匀称，就跟块手表差不多，害得寒柏直嘟囔：你们两口子真是武侠小说看多了，还直接操练上了，真要是有两下子，怎么上回宿迁那小偷没抓住啊，还吓得连嗓子都哑了。

合着他还没忘了抓贼那茬呢。

我儿子夏宇结婚的时候，寒柏特意在百忙之中专门抽空来到了盐城，喝酒的时候，他刻意不提文兰去世的事儿，喝着喝着，这位典型的东北汉子突然"哇哇"大哭，他抱着我说：明子，我后悔啊，文兰当年给我咬了块手表，早知道，我给她咬块"怀表"啊！

十四、拜师姜昆

文兰和我追随相声艺术三十多年,其间碰上了很多良师益友。其中,南京著名相声表演艺术家梁尚义先生就是最有代表性的一位。初学相声时,我一直想拜他为师,但由于种种原因,最终未能如愿。如果不是中国广播艺术团来盐城献艺,如果不是当时盐城市的主要领导出面成全,我们可能就没有机会拜师姜昆先生了。现在看来,一切都是天意。

1990年9月,当时在盐城演出公司工作的沈树殿大哥告诉我说:姜昆先生要带着中国广播艺术团来盐城演出了,其中还有唐杰忠、郝爱民、大山、李建华、刘全刚等众多艺术家。

因为他知道我没有拜师,便开玩笑地说:"你不是一直想拜师吗?有本事就拜姜昆。"

这句话对我来说,真是天大的喜讯。因为文兰一直喜欢姜昆老师的作品和风格,她觉得姜先生的作品有品位、有回味、有趣味。姜先生的表演更是有新气、有朝气、有人气。文兰坦言:自己的创作、表演要有所突破和提高,姜先生绝对是一个学习的楷模。正是由于她的喜欢和偏好,所以她利用大量的业余时间,研究姜先生的作品、表演、人生、经历、故事、传说,几年下来,她居然收集到了很多姜先生的作品和有关姜先生的报道,并且恭恭敬敬、干干净净、有序剪辑粘贴在《中篇小说》等几本杂志里。

当文兰听到沈树殿大哥的玩笑话时,一脸认真地对他说:"有什么不可能啊？只要我们业务好，为人好，姜老师没准就会主动收我们为徒。"

说着话，递给沈大哥三大本杂志，并且附了一封信，表达了我们想借此机会让姜昆老师考查、面试，并且表明了想拜师的念头。沈大哥还真帮忙，他在去北京洽谈具体业务时，特意委托时任中国广播说唱团团长的张希和先生将我们的信和这些资料转交给姜先生。张团长也非常认真地把材料交给了姜昆老师的秘书。应该说，文兰的这个举动，对于姜先生来说并不稀奇，因为那时候，他几乎每天都要接到全国各地一麻袋一麻袋的来信来稿，根本就无暇顾及。但通过这种方法传递这么多相对专业资料的，文兰可能是第一人。

就在姜昆老师即将到盐城演出之际，盐城正好要成立曲艺家协会，我是主要筹备者之一。开会之时，正好碰到了时任中共盐城市委宣传部常务副部长的朱步楼先生，我冒昧地向他提出了我和文兰的想法，他沉思了一下说：事是好事，就怕姜昆老师未必答应啊。

正当我们不知所措的时候，演出公司通知文兰说，你们可以在最后一场跟姜昆老师他们联欢一下，还特意强调这是朱部长特意安排的。演出完毕，我们名正言顺地跟姜昆老师他们坐在了一起，就在推杯换盏之际，时任中共盐城市委副书记的黄淑萍女士向姜昆老师提议道：姜老师啊，我们这一对小夫妻怎么样啊？能不能帮我们革命老区培养几个人才啊？

朱部长也在一旁撮合：是呀，姜老师既然来到盐城了，希望能把相声的火种留在我们盐城，让他们小两口在盐城生根发芽、开花结果！

经过领导们的撮合，结合我们自身的表现，姜昆老师终于松口答应收我们为徒了。

1990 年重阳节在时任中共盐城市委宣传部副部长朱步楼先生的引见下,双双拜师姜昆先生

1990 年的九九重阳节,文兰和我,在盐城文化馆四楼大厅正式拜姜昆老师为师,除了一束鲜花,没有任何复杂的形式。姜先生离开盐城之前,特意给我们留了一幅字:"对同道心存平实,于艺术怀抱忠诚。"

他特意强调:这幅字,只有徒弟才有,希望你们两口子好好做人、好好学艺、好好过日子!

这幅字成了文兰和我的座右铭,我也一直把它挂在书房里。

说来非常有意思,当我们在盐城机场送别姜昆老师和众多艺术家时,刚到安检处,就被人家拦住了,我们当时多想和姜昆老师多待一会儿啊。可是,没人认识你,也没人给你这个特权,姜先生无意间说了一句:我在西安有个徒弟,叫周春晓,他往来机场,如入无人之境。

　　说者无意,听者有心。2007 年 10 月 19 日,文兰和我在盐城收了两个最小的徒弟金昱帆和吴佳澍,我们约请了刘惠、周炜、霍然、周春晓、于海涛等众多师兄弟,当祝贺演出进行到尾声时,文兰在舞台上深情地说:我的师父姜昆先生,一辈子在为观众送欢笑,从来没想到过自己,连今天是他的生日都给忘了,作为徒弟,我们没有别的想法,只想祝愿我们亲爱的师父永远健康、永远快乐!

　　说话间,舞台上方一只巨大的蛋糕缓缓落下,连姜先生都吓了一跳。先生可曾知道,这一切,都是文兰的精心设计、细心安排。

　　还是在那个已经扩建了的盐城南洋国际机场,文兰带领着自己的团队挂着特别通行证,在贵宾室内外忙个不停,就像机场工作人员似的。文兰跟先生开玩笑说:师父,现在西安的师哥们还能这样如入无人之境吗?

　　师父也开玩笑说:他们现在进不去,也出不来了。看来你们这机场够乱的,怎么谁都可以进来啊?

　　快要上飞机时,我的好哥们儿、盐城机场公安分局的局长蔡忠全跟文兰的几个小姐妹又用餐车推上了一个大蛋糕,大家齐声说:祝姜老师生日快乐!

　　师父一听就乐了:我说我怎么老过生日呢? 敢情我妈生我的时候难产。

　　大家一听也是哄堂大笑。

十五、湖南大捷

我们是 1990 年的重阳节拜的姜昆老师，当时，盐城的交通、通信很不发达，出来进去很不方便，所以，拜师之后跟师父也没怎么联系。

1991 年 5 月，我们接到了中国曲艺家协会的一个通知，说是在湖南益阳要举办一个"全国青年业余相声邀请赛"，看到这个消息，文兰跟我非常开心，终于有机会参加全国大赛了。经过仔细商量，我们决定采用安徽南陵文化馆作者查俊的作品《五彩缤纷》。这是一段通过各种色彩的对比和比喻，来赞美现实生活的作品，虽说"包袱"少了些，但它的文学基础非常好，如果通过舞台实践后做进一步的修改完善，应该是一段不错的男女相声。在这一点上，文兰一直坚持自己的观点。她不断强调：相声脚本，如果脱离了文学性，其艺术魅力将减分很多。她是这么说的，也是这么做的。在文兰创作、表演的一百多段相声作品中，文学性极强的作品占了绝大多数。这也是她能够在相声舞台上坚持下来的基础。

说起相声《五彩缤纷》的作者查俊，那也是十分了得，从小受家庭影响，初中开始就喜欢舞文弄墨，并且跟我一样还是个"相声狂"，只要跟相声沾边的，什么事都愿意干。在南京相声名家梁尚义老师的引荐下，我们俩是一见如故、相见恨晚，恨不得立马能搬到一块住去，所聊的话题也无时无刻都离不开相声。在那之后，我们还合作了《名言的启示》《拍电视》等作品。

1991 年全国青年业余相声大赛前夕，准备工作慢慢就绪，我们也约好查俊在南京见面后一起奔湖南益阳参加赛事。碰面后,文兰对我这个兄弟非常关照。记得我们在南京一起上公交车的时候,文兰身旁正好有个空座位,她自己没坐,却示意查俊去坐,查俊倒也不客气,一屁股就坐下了,这家伙当时可能太累了。但我与文兰从盐城赶到南京,又何尝不累呢?文兰当时只是淡淡一笑,紧揽着我的胳膊,那意思:你兄弟,就照顾人家一点儿吧。

　　我们从南京站上车直奔湖南,那个时候都是普通列车,咣当咣当几十个小时,这一路上文兰的嘴始终没闲着,一直在嘀嘀咕咕。原来她在继续打磨《五彩缤纷》。当然,作为捧哏,我得陪着练。我们倒是紧张地排练着,再看查俊,闲心不错,心情超爽,只顾睡在铺上看风景。还是文兰主动跟我说,查俊写的相声,让他听一下,找找感觉。于是我去敲敲查俊,他爬起来,在车厢里当了一回我俩的观众。没想到,查俊还是个快嘴子,中间不断插话,这里那里怎样怎样,我有些着急,你倒是让我们说完呀?文兰却不愠不火,人家插话,她照样不紧不慢,把活儿继续往下顺。

倪夏搭档在央视演出

67

说句实话,这段《五彩缤纷》最后能立起来,文兰可没少操心,也算是个立体工程吧——领导的期待,作品的修改,还有作者查俊不断"拦截"排练,直至最后获奖,取得了不错的成绩。文兰高兴我也高兴,查俊也喜滋滋回他的文化馆交差去了!

查俊除了能写相声,还经常发表一些文艺评论。20世纪90年代中期,他被安徽滁州歌舞团看中成了专业相声演员,后来还拜了相声名家曹业海先生为师。但后来不知何故,查俊改行成了第一批网络专栏评论员,从此告别了相声,自此失联。这也成了我们之间永远的遗憾。

我们的师爷马季先生曾经这样评价《五彩缤纷》:它就像淡淡的一幅山水画,在不经意间,让人汲取到众多的营养、领略到人间的美好。加上文兰优雅自如、清新脱俗的表演,这样的作品显得新气十足、与众不同。

就是这样一段作品,让文兰在那次大赛当中脱颖而出,获得了新中国成立以来女相声演员获得的最高奖项——逗哏二等奖。别看是业余级别的比赛,但当时参赛的很多人已成了当今相声舞台上的中流砥柱。像陈寒柏、王敏、邹德江、奇志、芦克宁、郭德纲、赵恒、元春起等。

我记得那次一共有三段男女相声,有部队的一段、湖南的一段,还有江苏的一段。刚开始,听说江苏来了一档相声,还是个男女相声,大家都很不以为然,在接下来的比赛环节,文兰可谓占尽了优势。

首先,益阳市的准备工作搞得非常充分,满大街的横幅标语不说,主会场门口那真是锣鼓喧天、鞭炮齐鸣、红旗招展、人山人海。老百姓喜爱相声那个劲儿,一点儿不比北方城市差。每次比赛,剧场外面都会聚集着许多渴望进场的老乡。这也难怪我的师爷马季先生、我的恩师姜昆先生会经常到湖南采风,也难怪湖南后来出现了"奇志、大兵"现象。因为,湖南人天生也是爱幽默的。

其次,文兰的签抽得特别好,加上前面的节目不是很火,文兰一上场、一亮嗓,就赢得了满堂喝彩。其实说不紧张是假的,文兰也一样,上场之前她还跟我开玩笑说:"坏了,我腿不知在哪儿了。"

但随着报幕员的介绍,我们一出场就是个"碰头好",这也预示着我们的节目肯定会火!

都说好台缘一定会引来好人缘。这时候,益阳文化馆的馆长芦克宁先生出现了,他特意安排我们参加了所有的慰问惠民演出,并且还让我们"攒底"。文兰也不负众望,演出效果相当火爆。湖南益阳也成了我们的一块福地。

要说当时江苏的群文创作确实是佳作不断,但曲艺,特别是相声则是一个软肋,既没有好作品,也没有好演员。为了保证有好作品参赛,我们还特意和江苏省文化馆合作,在盐城举办了一届"丹顶鹤"杯相声邀请赛。这也是江苏省迄今为止唯一的一次相声比赛。

但读者别误会,这个"丹顶鹤"可不是那个珍稀动物,它是一款豆制品,因为是人家豆制品厂赞助的,所以必须要冠人家的名。就这个赞助,还是文兰利用工会干部的身份好不容易争取来的。可乐的是,颁奖晚会上,大包小包的全是豆制品,满剧场里全是豆香。

直到一个月后,淮安的谢东海还给我打电话呢:兄弟啊,我得找你算账啊,自从盐城回来,我们全家是上顿豆腐干,下顿豆腐皮,晚上豆腐乳。害得我们全家都不敢说话,一说话全是豆腐味儿。最可气的是我儿子,他吃完豆腐干还爱喝水,这一喝水不要紧,家里的味道全变喽,都快看不见人了!

你说那个年头,拉点赞助多不容易啊!正是因为有了在盐城的这次选拔,江苏省一共推荐了三段作品,结果《五彩缤纷》入选了。这个作品的成功首先要感谢查俊提供了一个好的脚本。更要感谢的是江苏省文化馆的老领导赵永江、金恩渠、曹大刚,是他们一路上不停地帮我们加工修改,最后的结尾就是金恩渠馆长的主意。原来的结尾是以彼此之间的玩笑结束,金馆长提议说:你们前面说得那么高雅,那么有品位,应该在结尾再升华一下。于是,我们从五十六个民族的色彩说起,一下子说到了民族大花园。这样一来,作品的主题又得到进一步升华。

还要感谢薛宝琨、刘梓钰、钟艺兵、王决、戴宏森等一批专家学者,是他们的关注、支持,让文兰在那次大赛之后信心倍增,表演上也越来越趋于成熟,最终成为当今女相声演员当中的佼佼者。

事后在游览风景名胜张家界的时候,几位专家学者见到文兰都是溢美之词,夸得文兰都不好意思了。特别是薛宝琨先生,他勉励文兰说:"一定要坚持自己的审美取向,坚持作品的文学性,把握住女性的时代美。假以时日,你的相声一定会有独特的价值。"

时隔不久,《人民日报·海外版》刊登了著名记者张世英老师的文章《夫唱妇随说色彩》,专门介绍了文兰的情况,这也是唯一的一篇介绍湖南益阳大赛参赛演员的文章。我的好哥们儿吕解生,为了在第一时间获得我们得奖的信息,他一直坚守在摇把电话机前,夜里一点钟,获奖消息刚出来,他就迅速编辑好文字,刊登在《盐阜大众报》头版的位置上。

接下来的很多事也就水到渠成了,除了庆功、嘉奖、升级、提拔,文兰也正式从工厂调入了文化馆。从那以后,在我们的朋友圈形成了约定俗成的"规矩":一等奖请一次客,二等奖请两次客,三等奖请三次客。以此类推。所以,后来我们的奖次越来越高,再后来干脆不用我们请客了,倒是朋友们不停地请我们了。我的老大哥、好兄长吕解生就没少请。有一次还差点让文兰"折腾"得闹出笑话。

那天,他母亲过生日,因家里地方太小,说好了只约我们两三个知心朋友,连家里人一起正好一桌。他准备的菜肴自然也是按人头去买的。没料到,文兰接到通知后,便有意替他约了足有两桌朋友,想替他好好热闹一番。大家也就各自按文兰的吩咐分期分批地到他家报到来了。

第一批客人报到时,解生兄一愣,但又不能不客气,手里还得忙着洗洗涮涮,其他人也不言明,只是在一旁看着解生兄忙碌着,看得他心里直发毛。

没过一会儿,第二批四五个朋友提着塑料袋又到了,此时解生兄已感到情况不妙,接连在里外三间蹦了好几个来回,说是找菜刀,等低头一瞧,菜刀就在手里攥着呢。如果当时他要俩小眼一瞪,一撩胖肚皮,那模样肯定不亚于《水浒传》里的郑屠夫。

等到第三批客人驾到时,解生兄早已是满头大汗,两眼发花了,那样子比乡长围着锅台转还有过之而无不及。有知情者透露,这都是文兰通知的,解生兄气极了,一边咬着牙,一边剁着肉,好像谁就在那案板上躺着似的。

眼瞅着都快晚上八点了,他仍没有请大家就座的意思。外边又有人按门铃,他赶快蹿至门前,开门一看,原来是送报的。吁……虚惊一场。也难怪,他确实不知道后面还要来多少位。

直到此时,文兰和我才"粉墨登场"。解生兄又恨又气道:"你说怎么办吧?"只听朋友们异口同声道:"没得命了,今天这酒不够喝了。"说罢,各自打开手里的塑料袋,拿出酒菜,借了凳子,摆开桌子,相拥在一起为他母亲热热闹闹地祝起寿来。

十六、天津扬蔓

喜欢相声的朋友,应该听说过1992年在北京举办了首届"火花杯"女子相声邀请赛。那是由北京东城区文化馆发起的一个民间活动。

别看是民间活动,来的评委可是高级别的,除了我们的师父姜昆先生,还有李金斗、常贵田、王晓、王决等大咖。我们也没想到还有人专门搞了这么个比赛,更没想到,全国各地还有那么多女相声演员。当时我们带着韩兰成老师专门为我们创作的《悄悄话》来到了北京,经过紧张的角逐,最终青岛的邢瑛瑛获得了一等奖,文兰获得了二等奖,随后就接到了王晓导演的邀请,参加了中央电视台《曲苑杂坛》栏目的录制。那个时候,这个栏目刚刚开播,后来成了央视的品牌栏目。

在北京试水之后,又经过近大半年的修改,1993年的冬天,我们带着《悄悄话》参加了在天津举办的全国"马三立杯"业余相声邀请赛。

说是业余邀请赛,实际上里面"混入"了好多"余则成",要么是部队文工团的,要么是专业曲艺团的。但都打着业余的旗号来参赛了。当时,全国一共来了七场男女相声。七场节目,各有特色。但引起相声圈关注的,还是我们这段《悄悄话》。

时至今日,著名相声表演艺术家常宝华在谈到男女相声的创作表演时,经常拿《悄悄话》来举例子,常老认为:《悄悄话》巧妙地利用了人物之间的关系,把相声"子母哏"的方法用到了极致。在人物交流中叙述故事,在故事发展中展开趣味,在趣味当中表达情感,但没离开"包袱"。特别是女演员在表演的时候,分寸把握得特别好,让人看了既舒服又特别的美,加上男演员的配合到位,使这段男女相声成了上乘之作。

马三立老爷子看完了《悄悄话》还赞许说:行啊,女的使活使成这样不容易!

正是因为这些老艺术家的力捧,让《悄悄话》包括文兰后来创作的《怎么了》,成了天津北方曲艺学校、中央戏剧学院相声大专班的教材。只要是学相声的女同学,都是先从这两个作品开始。现在非常走红的贾玲,正是说着文兰的代表作《怎么了》参加全国比赛,走进央视的。

就在那次比赛当中,出现了一个难得一见的现象。来自山东薛斌先生的得分跟文兰的得分相等,按照比赛规则,必须要在现场加演一个三分钟左右的小段,重新打分,才能决出胜负。当最后文兰以微弱的优势胜出的时候,在场的天津观众纷纷鼓掌向文兰表示祝贺。

这时候,担任评委的著名相声表演艺术家赵炎、王谦祥两位师叔特意赶过来说:赶紧跟人家山东的薛斌老师打个招呼,人家可是老演员、老前辈了。

文兰立刻跑到薛斌老师面前,向人家表示感谢,没想到人家薛斌老师当着记者非常谦虚地说:没啥可谢的,长江后浪推前浪,你们早晚要把我们拍在沙滩上。看到你们这么年轻,你又这么漂亮,这就是我们相声的未来和希望!

老先生的一番话,让文兰和我感动了好一阵子。相声艺术,薪

夏文兰冒雨为观众演出

火相传,发展到今天,不就是因为它有着许多优良的传统美德和底线操守,才让后辈们不断地绽放和彰显吗?

也就在那次赛事当中,我认识了相声名家杨义。

在排练《悄悄话》的过程当中,我有意识地学习了李文华先生"翻包袱"的一些方法和技巧,这好像更适合男女合作时展示。没想到,在中国大剧院的后台,杨义特意找到我说:"爷们儿,你的捧哏不错,太像我们家老爷子了。尤其那个'嗯……'太像了。"

我说:"不是,我学的是李文华。"

他说:"嗯……你就是杨少华。"

十七、北京露脸

20世纪八九十年代,相声艺术火爆全国,不论是电视晚会,还是各种文艺联欢,真是无相声不成席。相声演员自然也就成了社会关注的焦点,甚至是炙手可热的人物。

继1990年的"益阳杯"、1992年的"火花杯"、1993年的"马三立杯"之后,1995年的冬天,中央电视台举办了一届"侯宝林金像奖"电视相声大赛。经过初赛、复赛,文兰创作、表演的《怎么了》,入围最后的决赛。别看我们一直是业余演员,但由于不断推出新作品,加上各种机遇,我们已经频繁地出现在各大赛场和交流活动中。

1995年的大赛汇聚了来自全国各地的相声精英,东北的王平、贾承博、陈寒柏,西北的王海,北京的贾伦、李嘉存,天津的杨义,河南的范军、于根艺等,可以说是群英荟萃,各展其能。

我记得杨义当时参赛的节目跟豪华墓地有关,剧场效果出奇的火爆,大家也一致认为,这段相声太超前了,超前到房价还没涨呢,墓地先涨了。里面还有很多让人忍俊不禁的笑料。后来听说上级对这段作品的导向有看法,坚决不让播出,杨义最后失去的不仅是"十大笑星"的荣誉,连颁奖晚会也没参加,就回天津了。我不知道后来杨义远离相声,跟这段经历有没有关系,但他的相声确实别具一格。

因为我们是代表文化馆参赛,带队的领导自然是我们文化馆的馆长。老馆长叫金建华,是盐城著名的画家。一位画家,出现最多的场合应该是画展和美展等场合，但因为我和文兰是他的属下，他不得不带队。所以，后来他在曲艺界的名气远远超过了他的本专业，后来他还干过盐城市曲艺家协会的主席，我就是接的他的班。无论是文化馆馆长，还是曲协主席，没有他老人家的栽培，我们的事业不可能一帆风顺。

就是这位金馆长，在抽签的时候，让文兰和我成了所有参赛演员"调侃"的对象。

当时一共是五场节目，要先抽场次，后抽顺序，负责抽签的是侯耀文和笑林先生。也不知是金馆长手太"臭"，还是别人做了手脚，他一抽就抽了个第一场，等到抽演出顺序的时候，他又抽了个第一场的第一个。他抽完了不要紧，再看寒柏、王敏他们几个，捂着肚子差点儿没乐趴下。

金馆长尽管是个曲艺外行，但他带着我们走南闯北地经历了这么多次"战役"，他心里很明白抽到这个签的后果。于是，在抽完签的一个多小时之内，他根本就没敢把消息告诉我，而是一个人在宾馆走廊里来回踱步，一边踱步，一边用手指头在墙面上划拉着，从远处一看，活像犯了错误的小孩等着家长惩罚似的。

我和文兰在房间里等了快两个小时，见金馆长一直没露面，文兰就感觉到出问题了。她立刻提醒我说："不管抽签什么结果，你都不许着急、不许上火，更不能埋怨金馆长。"

当我们一推门看到金馆长时，他吓了一跳，一个劲儿地跟我们说："对不起，手太臭了，影响你们发挥了。"

文兰连忙说道："您可千万别这么说，您也看到了，全国说相声不错的全在这儿了，咱们能参与进来就已经成功了。再说了，您这么些年带着我们两口子走南闯北，我们谢谢您还来不及呢。您放心，我们一定拿出我们的最佳状态，绝不给您丢脸！"

话是这么说，但第二天早上一进餐厅，认识不认识的同行直接"砸挂"："嘿，全国大开场来了。第一场第一个，没准还来个第一名。"

文兰听完嫣然一笑："我们演完会第一个欣赏你们的精彩。"

因为是中央电视台举办的全国相声大赛，自然引起了高层的关注。果不其然，开幕式当天下午，时任中宣部部长丁关根先生带着一帮领导来到了北京工人文化宫演出现场。按照惯例，领导一般致完辞，看上一会儿节目肯定要撤。我们正好是第一个节目，刚演完，前排的领导就全撤了，跟踪采访报道的媒体自然也就撤了。这一撤不要紧，当晚中央电视台《新闻联播》节目当中很快出现了我们的演出镜头，这也是本次大赛唯一的一个参赛节目镜头。这可让所有演员吓一跳："嘿，这两口子，抽个大开场，上了回《新闻联播》，太值了！"

《悄悄话》演出照

金馆长也跟着起哄："要不是我的手气好，你们能上《新闻联播》吗？下次我还给你们抽大开场。"

他还抽上瘾了！

就是这个金馆长，大概是常年和我们这些"贫嘴滑舌"的人在一起的缘故，他也变得十分幽默风趣，有时还能即兴来上这么一段。其实，原来他并不是一个十分健谈的人，最突出的一个例子是在他刚刚当上馆长发表就职演说时,可能由于太紧张了,只觉得嗓子发干,气息不匀,说话时老不停地"卡壳"。没办法,只有靠猛喝水来消除尴尬,自己杯子里的喝干了,就抓别人面前的,等他发言结束时,主席台上的七八个茶杯全部堆在他面前了。但多年的文化馆馆长当下来,他现在连眼睛都不带眨地就能说上三四个小时还不带喝水的。可想而知,当文化馆馆长还是挺能锻炼人的。

有一年,我们组织了一个小分队到敬老院慰问演出,当时正好人手太少,大家便起哄,非要金馆长上一个节目不可,他就临时发挥说了段方言快板叫《卖花生》。没想到,当晚地方电视台的新闻节目里还给播了。这下可好,以后每逢大会小会,只要一有空闲,肯定会有金馆长的一段《卖花生》,用他自己的话来说,现在连花生壳子都卖掉了。

这位金馆长,也是文兰和我生命中的一位贵人!

十八、合作明星

很多人以为我和文兰是先恋爱、后合作，实际上，我们是先合作，然后才确定的恋爱关系。

因为男女相声在那个年代算是个新生事物，所以，刚一出道就让人刮目相看，邀约不断。但盐城的土壤确实不太适合相声的发展，我们就确立一个目标，要走出盐城，锻炼提高自己，也唯有这样，我们的业务才能不断长进。

第一个让我们加盟演出的是南京市杂技团。说是南京市的，其实就是一个独立承包团，除了几个杂技节目，就是几个流行歌曲和霹雳舞。

那时候霹雳舞非常受年轻人欢迎，大街小巷到处都是跳霹雳舞的年轻人，比现在的广场舞有过之而无不及。别看大家都会跳，但你要拿这个东西卖票，那可得有点真功夫，要不然，你在台上刚跳到半截，就会冲上来几个当地的年轻人，张腿伸手上来就比画。你要跳得比他好，他在台上带头鼓掌，为你叫好，然后鞠躬道歉走人。如果你干不过他，他也不多说，伸出小拇指冲下，然后很鄙视地吹着口哨、扬长而去。如果第二天你还敢在这演，那绝对不可以，因为你技不如人，要想挣钱，绝不可能。我们就经常碰到这样的情况，来了几个所谓跳霹雳舞的，要的价码也不低，但只要有人上来一比画，第二天，他就灰溜溜地跑了。

所以，"走穴"跟小剧场演出一样，没点真本事绝对干不下来。

我们身上的这点东西,也都是"走穴"那几年,一点点儿慢慢攒起来的。比方说场上的随机应变、即兴发挥。

有一次,我们在山东临沂一带演出,文兰正在台上唱着呢,台下来了一位"醉鬼",你怎么打招呼他就是不听。文兰仔细一看,旁边有个女的一直在捂他的嘴,一看关系就不一般。她干脆拿着话筒,跳下舞台,冲着那位用山东话即兴唱道:

> 这位大哥真不孬,
> 酒量高来人品好。
> 你要真是情趣高,
> 快带大嫂去吃夜宵。
> 大嫂,快带俺大哥走吧!

台下观众热烈鼓掌,那位大嫂正好借势把"醉鬼"带走了。文兰接着又是即兴一曲,赞美了当地人的文明礼貌,剧场效果一下子达到了高潮。

直到现在,我们才深深地理解了马季师爷的那句话:相声表演永远是在即兴状态之中的,即便是台词已经背得滚瓜烂熟了,但你说出来的感觉一定是即兴的。

可惜,很多人说了一辈子相声,并没有弄明白这里面的精髓。

因为经常"走穴",所以当年我们合作的明星也特别多,像刘晓庆、斯琴高娃、游本昌、朱明瑛、严顺开、马晓伟等。现在看来,这些明星不算什么,有的甚至早已过时了,但当年这些人可了不得。我记得有一年电影演员潘虹到盐城做企业宣传,整个盐城的主干道被围得是水泄不通,有的老百姓相隔好几里,根本就看不见,就这样

还起哄呢:

我猜潘虹今天肯定是穿着衣服来的。

这不废话吗?

别看都是明星,其实有些明星会的节目并不多,有的就会朗诵一段诗或者只会背上一段电影里面的台词。但观众就是买账,就会报以热烈的掌声。因为明星名气大啊,有了明星就可以保证上座率,

20 世纪 80 年代与斯琴高娃在一起

这跟现在的电视剧是一个道理,如果没有过硬的明星,现在很多片子就是卖不出去,这也就造成了投资成本过高的现象。

记得 20 世纪 80 年代末期,南京电视台举办了"首届幽默喜剧大赛",我和文兰也参加了,节目就是我们的拿手小段《后仁字》。当时,参赛的节目不仅有曲艺、相声,还有小品、哑剧、滑稽、独角戏等。当时盐城的"燕舞"牌收录机畅销全国,这个活动就是这家工厂赞助的。为了公平起见,主办方特意邀请了游本昌老师来做评委。

我们表演完毕,剧场效果非常火爆,当主持人问我们此时此刻的想法时,文兰幽默地回答说:我们是从盐城来的,赞助的奖品又是我们盐城的,我们此时此刻就是想,这个奖品怎么运来的,怎么给我们送家去。

出人意料的是,比赛的大奖让另外一名外地选手拿走了,说是

本地选手不予照顾。

　　游本昌老师一听就不干了,他当场发飙说:既然是幽默喜剧大赛,肯定要靠剧场效果说话。江苏的这档男女相声理应夺冠,奖品可以不要,但他们小两口就是我心目中的冠军。

　　全场观众报以热烈的掌声。若干年后再见到游本昌老师,他还在为这事打抱不平呢。

十九、遭遇车祸

我和文兰在一起生活、工作了三十多年,留下了很多幸福、甜蜜的瞬间,也有过几次跟死亡擦肩而过的经历。现在看起来根本算不了什么,因为,比起生命和健康,它顶多只是个风险而已。两口子生活工作在一起三十多年,还能经历那么多很多人没法体会到的人间故事,这也是一种幸运吧,这倒是让我觉得生命的轨迹在无限延伸了……

说起来很有意思,生活当中每天都在发生各种各样的故事,唯独文艺界一出事就引人关注。这可能跟整个大环境有关系吧。

在一个十分浮躁的年代,如果文艺界不经常出点儿事儿,恐怕很多媒体就得挪出版面登点儿别的了。明星大蔓们出点儿事自然格外引人注目,比方出个车祸、闹个婚变、跳个高楼、卧个铁轨,哪怕出回疹子,媒体也当新闻传播,大报小报猛登一气,但普通演员遇难遭灾恐怕就无人关心了。

作为演员,天南地北地来回演出自然是免不了的事。俗话说:"行船走路三分险,出门在外命难知。"由于长年坐车在外颠簸,出点儿车祸也不足为怪。远的不说,光近几年文艺界就有不少明星大蔓殒命于车祸之中,像演阿庆嫂的洪雪飞、说相声的洛桑、演香妃的刘丹等。有的虽说出了车祸,却大难不死,像唱歌的蔡国庆、演小品的赵本山,还有说相声的我。

我和文兰第一次遇上车祸是 20 世纪 80 年代末，在浙江金华一带。那时"走穴"（组台演出）盛行，有点本事或有点门路的演员都憋足了劲儿往外跑，明星们一出场就是好几千，可是像我们这样的演员也就挣个养家糊口的钱。但不管怎么样，总归比自己所在单位挣得多，大家也都非常的容易满足，所以那时的歌舞团体特别多，简直是多如牛毛，原因很简单，就因为能挣钱。

我听说有家歌舞团为了能赚钱，把挺好的一个班底拆成了十三个团。人员不够、业余来凑，所以就有了大批的业余文艺人才"混进了革命文艺队伍"。尽管"走穴"这种方式早已成为过去，对与不对我不便评说，但"走穴"过程之中的确培养、锻炼了不少演艺人才，包括一些明星大蔓，像韦唯、毛阿敏、洛桑等。

那次，我跟我文兰应邀到安徽一家歌舞团帮忙。因为那时候相声挺火，我们又是合演男女相声，所以隔三岔五的倒也不闲着。当我们赶到金华时，天色早已晚了。由于团里人手不够，大家也都是行家里手，所以到那儿二话没说，我们两口子又是报幕，又是唱歌，又是说相声，抽空还得打趟架子鼓。要不怎么说"走穴"能锻炼人呢，没几手硬功夫，谁还请你呀！

演出完毕，加上长途疲惫，人就像散了架似的，连动都不想动了，因要连夜"过场"，"穴头"为了照顾我们，非让我们几个主要演员和老板娘他们一家坐面包车先走，因为坐小车速度能快些。由于疲劳过度，加上我爱人特别晕小车，所以我们决定跟其他演员一起坐大客车，这样还能多休息一会儿。

等拆完了台上路时，已经是夜里十二点多了。当时，浙江的山路特别多，大家也都十分留神，一再地提醒司机要小心。可万万没想到，还是出事了。倒不是我们的车，是老板娘他们那辆面包车，从一个急弯处翻到了半山腰下，车里的老板娘和她的母亲以及几位主要演员死的死、伤的伤，有的后来落下了终生残疾，最惨的要数老板不满三岁的儿子，也在那次车祸中丧生了。

眼看着别的车子一辆接一辆地绕道而过，而我们却不得不停下来看着这惨烈的一幕，大家都被眼前的景象惊呆了。

等到了目的地，我们俩赶紧给老板留下二百块钱，来回的路费也没提，就连夜坐车往老家赶。过去坐车都是我爱人躺在我怀里睡觉，唯独这一次，她却让我躺在了她的怀里。我们紧紧依偎在一起，谁也没有多说什么。大概也就是从那时起，我们再也没有这样长途跋涉地走过穴。

第二次遇上车祸，是在 1998 年的春天。

那时，我俩已成了相声名家姜昆先生的弟子，虽无大出息，但我们和师父的交往倒是不断。当时姜先生出了一本书叫《笑面人生》，主要写的是文艺圈，特别是相声界的一些事儿，可老百姓还挺爱看，所以，全国不少城市都在邀请他签名售书。为了让家乡的观众感受一下什么是真正的相声艺术，我热情地邀请姜先生到盐城一趟。要知道，在一些人的眼里，相声不过是在耍贫嘴而已。听了我的想法，姜先生非常高兴，他说即使再忙，也一定到盐城来一趟。在此之前，我曾陪同他去过不少地方，均平安无事，没想到，把他请到我们老家时，反而出事了。

那天姜先生是早上从北京飞往盐城的，到盐城时已经是中午十一点了，匆匆吃了点饭，便坐下来在书上签名。要知道，三千本书，坐那儿不动身也得五六个小时。好在姜先生精力过人，签到天黑也没怎么觉得太累，反而主动地给我的不少好友留下了墨宝。

　　由于是第二天早上从南京起飞的航班，所以只能连夜往南京赶。等吃完了饭已经是快晚上十点了，我和好友小徐、小冯，二话没说赶紧陪先生赶路，请的司机也是经验比较丰富的，据说开车二十年，从没出过事。

　　徐兄这人比较细心，一路上不停地陪司机聊天、抽烟，不断提醒着。等过了泰州，小冯非要和小徐调换一下位置，前二十分钟小冯还能和司机聊上几句，后二十分钟他就睡着了，司机的状态也一下子松懈下来。

　　车过江都市区的十字路口，右侧来了一辆运土的大卡车，夜灯也没开，飞速直奔我们这辆车而来，等司机发现时，两辆车头已擦在了一起。好在司机经验丰富，急忙左打轮，车穿过护栏，横穿马路而过。幸好对面再也没来车，侧面又是个加油站，地面也比较宽敞，我们这辆车正好停在了空地上。

童趣

正当我们惊恐不已时，姜先生发话了：看看车况怎么样，如没什么大事，别跟他纠缠，到南京我找人帮你们修。

瞧瞧，名人就是名人，处变不惊，光这点，我练一辈子也赶不上。等到了南京，姜先生先把我们几个安顿好，随即又利用自己的关系，找了一家不错的汽车修理厂，等一切办妥之后，天也已亮了，他连觉也没睡就直奔机场了……

2000 年 4 月，中国曲艺家协会、山东省文联等单位联合在山东威海举办"三代笑星书法展"。别看是相声演员搞的书法展，但参观的人还真不少，我也应邀参加了开幕式。由于事先答应了一家单位的演出任务，所以没等书法展完毕我就连夜登上了回盐的长途客车。

出过远门的人都知道，坐长途车其实是很辛苦的。好在我那些年四处奔波，早已成了习惯，所以，倒也不觉得什么。人常说凡事都有个先兆，事后一想，还真是这么回事。

本来那天可以坐直达盐城的车，但由于有事耽误了十分钟，等赶到威海长途汽车站时，开往盐城的班车早已发出了，要么连夜赶，要么改天走。但一改天，就得耽误对方的事儿。于是，我毫不犹豫地搭上了从威海到连云港的班车，因为只要到达连云港，回盐城就方便多了。

上车不久，我就感觉不太顺。不是车主和雇用的司机之间产生矛盾，就是顾客与顾客之间打起来。最要命的是车主为了捞钱，在车厢尾部装了足有一吨的化学物品，这可是明显的违禁。尽管我和一些乘客与车主发生了争执，但最终还是跟这些危险的家伙一同上了路，车厢里一下子弥漫着呛人的化学品味道。

　　大概出于本能，我一直不敢睡觉。在坚持了足有四五个小时之后，眼皮终于耷拉了下来，即使这样，也只是似睡非睡。

　　车至山东境内日照的时候，刚好凌晨三点，只要再坚持两三个钟头就能顺利到达连云港。正当我暗暗感到庆幸时，车速慢了下来，原来是有人要下车。

　　然而车子还没停稳，只听后面"轰隆"一声，一辆急速行驶的大货车撞在了我们车的尾部，车子自然飞快地又向前猛蹿起来。司机本来是想靠边的，这下正好，车子直奔右侧的河里而去。

　　就在两车相撞的同时，我本能发出了一声惨叫，那种惨叫现在想起来，仍然感到十分恐怖。随着一阵强烈的颠簸震动，汽车一头栽进河里。万幸的是，右侧正好有一棵大树挡住了车身，所以车子只倾斜了六十五度，否则后果不堪设想。

　　大概是因为我当过兵的缘故，车还未停稳，我已迅速打开窗子爬上车顶，尽管四周漆黑一片，我还是试探着爬上了岸，仔细一看，车离河边也就一两米远，车头已下水，车尾仍在岸上。

　　这时候，车内呼天抢地、哭爹喊娘地叫成一片，我立即又钻回车厢，大声告诉大家别慌，只要从车尾爬出去就安全了。再找车尾的几个人时，他们早已被惯性从车尾摔到车头了，有的人满脸是血，有的人腿已摔伤，幸好我安然无恙。

　　众人下车之后，有的缠着车主要赔偿、要说法，有的提醒车主赶快送伤员上医院。我则站在一旁，看着翻在路边的车子心中一阵发紧，几个假如随即从脑海里跳过，假如已经躺在这？假如家人得知我惨遭不幸？想到这，我的视线模糊了。想归想，路还是要赶的，凌晨三点要想在半道拦车一般是不太可能的。

　　果不其然，连拦几辆车，车主一看我这打扮，便连忙加速驶去。

我当时剃的是小平头,穿的是一双黑色圆口布鞋,脸上还有一脸抹不去的惊恐,活脱脱一个逃犯形象,要不是戴副眼镜充点斯文,恐怕谁见了都有点害怕。足足等了半个小时,终于来了辆大卧铺车,是从天津开往连云港的,仗着自己语言上的优势,我立马用天津话跟司机套近乎,并用最短的语言,告诉他刚刚发生的不幸。司机二话没说,立马让我上了车。

车主是个四十多岁的女老板,典型的北方人,性格爽朗,热情火爆,她真误以为我也是北方人,所以一个劲儿跟我聊,还直夸我聪明,说发生这种事,只要没什么大事,还是赶路要紧,千万别耽误了正事,要不然又是体检又是索赔,可得忙乎一阵子。

看得出,车主肯定也遇上过类似的事儿。见我太累了,车主主动把副驾驶的座位给我让了出来,要我好好躺会儿。刚刚经历了过度的惊吓,有这么一个热情的陌生人关心你,心中自然是一种感激。我刚要躺下,从后排的座位上站起来一个人,估计是车主的丈夫,他对我大声喝道:要躺躺后边去。我只好乖乖地服从命令。只听他大声地对女车主说道:你把他安排在这儿,出事儿怎么办?

得,合着他还是没拿我当好人。

也许是太困了,一觉醒来,车已到了连云港,我再三感谢车主和司机,并掏了钱要补票,但女车主说什么也不肯收。她说:"出门在外,谁都不容易,这几十块钱算是给你的营养补助了。"

我顿时又是一阵感动,马上和他们握手道别,女车主说:"小伙子,祝你一切顺利。"

我也在心里暗暗地祈祷说:"好人一生平安!"

如果说以前的几次车祸都是有惊无险的话,那么2002年10月12日发生的车祸对于我来说绝对是死里逃生了。

坦白地说，从事相声艺术三十多年，一直梦想着能在北京打出自己的一块天地。

2002年5月，这个梦想终于得到了实现。这年的5月10日，我接到了中国广播艺术团的邀请函，约我参加一部大型相声剧的创作演出，从此我成了中国广播艺术团的签约演员。要知道，中国广播艺术团可是中国曲艺界的国家队，马季、姜昆、冯巩、李金斗等均隶属该团，能加盟这样的团体无疑是一件令人自豪和高兴的事儿。

直到10月11日中午，有不少好朋友听到了这个消息，自然免不了要热闹一番。因为当天下午就要急着坐车赶往北京，所以中午这顿酒一点儿没少喝。席间，我还和他们开玩笑说："如果我这次回不来，今天就算是跟你们永别了。"

万没想到，平常开那么多的玩笑都没事，那天的一句玩笑话还真应验了。要知道，当时的盐城还没通上火车，由于中午喝了不少酒，车是怎么从盐城出发的我是一无所知，一上车就倒在了一个下铺上。再睁眼时已是晚上九点多了，热情的副司机盛邀我和他们共进晚餐。由于彼此比较熟悉，我也就没客气。等吃完了晚饭一上车，我便鬼使神差似的直往上铺上爬，就好像有人搬着我双腿似的。那位副司机也就顺势睡在了我原来睡的下铺上。

车开了一个多小时，我总觉得有点百爪挠心，翻来覆去地怎么也睡不着。

车至河北沧州境内时，已是凌晨一点多了，只听"轰"的一声，我们乘坐的大巴撞上了停在路边修理的大卡车上，车头正对着卡车的尾部。

由于车速太快，至少有一百六十迈，卡车左侧的挡板一下子插进了我们的车厢里，并且正好扎进了睡在下铺的副司机的腹部。车厢里惊叫声一片,睡在前边的几个乘客,有的大腿骨折了,有的脑袋出血了。而我当时则是出奇的冷静,当我和其他几位乘客想把副司机搭救出来时,只见他口吐鲜血,人在不停地抽搐,这时我的后背"嗖"地出了一股冷汗:这下铺原来不是我睡的吗?

正想着,河北的110警车到了,警察们以快速的动作把几个受伤的乘客急忙送往医院,随即又调来一辆大巴将其余的乘客送往北京。一个小时后,我接到一个电话,说副司机死了,我的眼泪一下子就涌出来了。多好的小伙子,每次搭他的车,都是他递茶倒水,一路照顾。

想到这,我立刻掏出兜里所有的钱,烦请回盐的司机转交给他的家属,并说:如果有什么事用得着我,我一定竭尽全力。

事后我才知道,那位司机的孩子才刚刚三岁……大概过了不到二十天,我从北京返回盐城,当我和文兰以及泪流满面的父母拥抱在一起的时候,我真正体会到了——家的感觉真好!

是啊,人生在世一辈子,无论是富有还是贫穷,不管是高贵还是低贱,总会要碰到许多悲悲喜喜、恩恩怨怨,无论是物质上的还是精神上的,似乎只有当你走到生命的尽头时,才会明白人生的真谛。

二十、概不签字

由于我们在相声创作、表演方面的突出表现，赢得了众多朋友、观众的喜欢，也得到了相关领导的赏识。随着老馆长的退休，我自然被领导看中推到了第一线。这一步的跨出要感谢盐都文化局的老局长刘旭先生，包括后来我调到省馆工作，如果不是刘局长的鼎力支持和放行，最终也不可能成功。

当年文兰从工艺绣品厂调到文化馆的时候，领导特意找她谈话，按照工作程序，两口子不可以在同一个单位工作，所以你不能这样、不能那样。为此，文兰没少受委屈。眼看着我要当馆长了，领导又找她谈话，再三提醒她应该这样，不应该那样。文兰照样点头答应。

小小文化馆，情况不一般，来的全是猴，没事把山翻。

基层文化馆有个最大的特点，能干活的进不来，干不了活的随时进。人浮于事、休闲养老，在这种单位是最为明显的弊端。别看人不多，占着岗位的全跟头头脑脑有关系，不是局长夫人，就是区长小姨；不是人大常委会主任的儿媳，就是政协领导的外甥。别看这些人不干活，可谁也得罪不起，但凡出点问题，你还没处理呢，人家小报告早打上去了，除非你不想干了。要想干，就必须妥协，甚至睁一只眼闭一只眼。要不怎么说在县级以下单位"混"，人际关系特别重要，因为所有的公共资源，全都掌握在极少数人手里。可以毫不夸张地说，一座小县城，就是一个独立小王国，除了部队和外交，没

倪明(右一)、夏文兰(左一)和父母在一起

有一个县太爷解决不了的问题……

有点跑题了。

文兰和我都是苦孩子出身，我们当然知道今天的一切来之不易，所以，即使有再大的委屈，文兰也从不放在心上。比方说每年年底的先进评选、奖金分配，她肯定是排名靠后，尽管她干的活、做的事要比别人多，但没有办法，你必须让位，这就是中国的国情，谁让你老公是馆长呢。还别说礼让先进了，就连早上大家一起上街吃碗面条，文兰掏的钱也比别人多。

虽说文化馆单位很小，但工作面可不小，上到政府各项工作的安排，下到乡镇举办的各种活动，可以说是包罗万象、千头万绪。因为活动多、范围广，活动结束，大聚小餐的犒劳一下兄弟姐妹倒也是常事。因为我在任时，文化馆人员除了工资，连办公经费都要想办法出去挣。为此，文化馆的那些小姑娘没少喝酒。

有一次到基层乡镇去慰问演出。说是演出，其实就是利用认识的书记、镇长的关系为文化馆"化缘"。每到此时,文兰的"大姐大"风范就显示出来了。她除了调动好人马、安排好出场,自己也是身先士卒、冲锋在前。这天那位镇长朋友也不知哪根筋搭错了,他认真地说:我知道文化馆经费困难,我们掏点钱也理所当然。但你们必须拿出实际行动来,从现在开始,谁要是把这三两一杯的酒干下去,我一杯加一千块钱。

他还没说完呢,刚从戏校毕业的李莺歌先站起来了:只要领导说话算话,我先干!

说着话,"咣咣咣"一连干了三杯,李莺歌刚喝完,刚从部队复员的周维华又站起来了:领导的指示,就是我们的目标,我也干了!

说着话,"咣咣咣",也是三杯。

一听说一杯能加一千块钱,文化馆凡是能喝的全都上来了,最后镇长实在受不了了,大声宣布:不要再喝了,再喝,我连镇政府都卖给你们了。

后来这位镇长调到别的镇当书记了,当听说我带着李莺歌、周维华她们又来慰问时,赶紧嘱咐接待人员:文化馆演出该给多少钱给多少钱,千万别让她们喝酒,这帮女人太能喝了。

2005年我调离盐城以后,周维华、李莺歌也都当了馆长、副馆长什么的,我想多少跟她们为了工作能豁出去有很大关系。但是让很多人没想到的是,在我调离审计的过程中,有许多饭店用餐的签字,其中有副手的、中层的,甚至连义工老王的签字都有,但唯独没有一张发票是文兰签字的。因为文兰早就跟我约定:我就是受天大的委屈,也绝不拖你的后腿,更不会让你难堪。

她是这么说的,也是这么做的。文化馆的工作环境相对比较轻松,如果没有特殊任务和辅导工作,基本属于清闲状态。有时候大中午的有人提出不想回去做饭,文兰就提出:干脆咱们 AA 制吧。

大家一听欢呼雀跃。他们所说的 AA 制,其实就是"斗地主",赢了钱谁也不许进腰包,直接到饭店就给消费了。为了防止我的出现,文兰还特意安排了岗哨,等到我一来,他们立刻假模假式地拿起一本剧本,假装在讨论。事后我才明白,文兰是用这种方式缓解我的压力。一来可以免去公款消费,二来大家其乐融融,何乐而不为呢?

现在,我算是理解了"家有贤妻,丈夫不遭横祸"这句话的道理。

在文化馆同事的眼中,文兰更像是一位老大姐、好朋友,大家心里有什么不痛快的事,也愿意跟她多交流,即便因为我脾气不好得罪了谁,也因为文兰的化解而烟消云散。

二十一、频繁调动

尽管我们在文化馆干得风生水起,但对相声艺术的追求,特别是相声在盐城的生存状态,让我们一直有冲出去的想法。

1992年,南京钢铁公司要成立艺术团,面向全国招聘。那时候的南钢,真是家大业大,有的是骡马。只要他们看中了谁,要岗位给岗位、要房子给房子、要待遇给待遇。我们也是看到这么多优厚的条件而动了心。

经过精心的准备,我们来到了位于南京大厂区的南京钢铁公司,来自全国各地的俊男靓女足有几千人,都想在南钢一显身手过上富裕的日子。在庞大的招聘队伍当中,也有不少报考曲艺和相声的演员。我们按照考试流程结束之后就回盐城了。一个礼拜之后,南钢人事部的处长、企业部的处长、工会主席亲自赶到了盐城,说什么也要把我们挖走。因为我们是瞒着文化局去应聘的,所以,当南钢的三位领导出现在文化局商量协调我们的事儿时,文化局的张照余局长立马不干了,当时就要赶人家走。难为了人家南钢的领导,点头哈腰、好说歹说,张局长就是不同意。眼看着不能强攻,只能退守智取,南钢的领导就跟我们商量,一方面他们求才心切,另一方面,他们也理解盐城方面爱才有理。所以分两步走,除了他们自己想办法,也让我们抓紧机会,做做领导的工作。我们还真做了。一直找到盐城市委副书记祁崇岳先生。

祁书记特别理解,说:这样吧,我给你们盐都的朱红春书记写个条,有什么想法你们跟他提,他会帮你们协调的。

现在想想真傻,领导问我们的时候,什么也没提,也不会提,我们就说想到外面说相声。

领导倒是很大方:那你们就放开了说,但调动的事先放一放。

就这样拖了足有大半年,南钢那里一直都在等着我们加盟,给的条件也是最优厚的。后来听他们工会主席说,全国有很多说相声的也想进南钢,但他们就一个原则:如果你们的业务水平超过夏文兰、倪明,我们欢迎你们加盟。

据说,至今南钢艺术团也没有相声。

南钢的失利,并没有让我们放弃梦想。接着,人生最大的一次机会来了。

1995年的冬天,我们接到一个电话,是兰州军区战斗歌舞团办公室的,说是经军区文化部刘部长推荐,他们将在近期派人到盐城来做外调。

这个消息真是太意外了,我们立刻通过关系,联系上了当时还在战斗歌舞团担任副团长的张保和先生。张团长说是真的,因为朱军调到中央电视台当主持人了,团里要进相声演员,有首长曾经看过你们的演出,所以就找到你们了。

当兵,对于一个女孩子来说,那真是一个天大的梦想。尤其是文兰,从小就梦想着穿军装,这下机会来了,梦想成真的日子看来也不远了。

都说兵贵神速,部队办事绝不拖泥带水。没过几天,兰州军区战斗文工团的办公室主任李雄来到了盐城。待了没几天,他就发现我们的朋友遍天下,从喝酒上就能看得出来。他是甘肃人,酒量还算不错。但几天下来,他就坚持不住了。因为中午喝、晚上喝,还能应付,最要命的是,朱奇、吕解生这帮哥们儿还让他早上喝,然后再加上消夜,平均一天下来要喝四顿酒,再能喝的主也扛不住啊。通过走访、座谈、调查,李雄没想到我们在盐城的人缘人脉这么好,从政府官员到普通百姓,从工农商学到部队院校,我们是那么受大家的欢迎,有的老百姓看到李雄直接高喊:不许把夏文兰、倪明带走,他们可是我们盐城的宝!

这样的情景让李雄感动不已。

天涯海角

眼看着外调活动进行得差不多了,就在李雄要离开盐城的前一天晚上,他把我们叫到了望海大厦他住的房间,并且很严肃认真地说:我来盐城时间不长,承蒙你们的热情款待,我非常感谢。通过跟你们两口子简短的接触,特别是周围朋友和同事的反馈,你们的为人还是很不错的。但我弄不明白,倪明的档案里怎么会有这么一份材料呢?你是不是得罪什么人了?

我一看立马就明白了。这是别人手写的鉴定,里面捏造了我很多负面的东西,什么性格暴烈、目无法纪、不服管理、顶撞领导等等。包括"酒后踹门",一句话:我是个罄竹难书的恶人。如果就凭这份材料,我别说当兵了,枪毙五次都不为过。

在这份材料中,除了"酒后踹门"确有其事,其他根本就是无中生有。但就是"酒后踹门"事件,也是单位领导欺人太甚造成的。

　　我刚进文化馆的时候,单位还没什么老员工,后来也不知从哪儿冒出来很多"老前辈"。那时候还享受福利分房,一到分房的时候,我们这些没有任何背景的小人物就得往后排,一次两次,一年两年,一直拖到我跟文兰快要结婚了,还没排上呢。那天在家里吃午饭,朱奇听到这个消息后"义愤填膺",仗着喝了点酒,非要到文化馆找领导理论一番。大夏天的,文化馆中午哪有人啊,气愤的朱奇仗着酒劲从一楼开始踹门,一直踹到五楼,唯独财务室的门他没踹。因为他知道那是财务重地,踹开之后说钱没了,那事可就大了。我们也赔不起。

　　等到领导发现门被踹坏的时候,朱奇已经扬长而去了,留下我接受单位的询问。如果是我干的,就算损坏公物,按行政处理。如果是别人干的,那就是公众场合滋事、破坏公共设施,要进行治安处罚,没准还要行政拘留。

　　朱奇一听更火了:别怕,没事,有我呢,实在不行你先进去待几天,到时候我给你送饭吃!

　　什么哥们儿啊?

　　朱奇"无情",我不能无义,人家也是替我打抱不平,才造成这个被动局面,我不能害了人家。于是,我主动承担了责任,说门是我踹的。就因为这件事,我不仅得罪了领导,还背上了一个处分。

　　这就是这份鉴定的来历。尽管做这份假材料的人都早已经作古,但这个事情的教训还是蛮深刻的。那就是,千万别得罪领导,他一旦行使公权力,你躲也躲不过,只能吃不了兜着走。

　　让我意想不到的是,李雄听完二话没说,当着我的面就把那份材料给撕了。这可是大忌啊。

正当我们犯傻时，李雄坦言：我相信你们两口子的为人和品质，我也是穷人家的孩子，也有过类似的经历，如果因为这份材料毁了你们的前程，那就太不值了。为了你们的明天，我愿意为你们冒这个险。

一番话，说得我和文兰泪流满面。

李雄离开盐城不久，兰州军区就发来了公函和邀请函，让我们于春节前到兰州，参加他们军区团拜会的演出。我们精心排练了《我愿嫁给他》《爸爸的故事》《军营新歌》几个作品，准备开拔兰州。

那年的冬天，寒风呼啸，雪花飘飘，我们特意挑选了几箱具有盐城特色的醉螃蟹，准备送给部队的首长们尝尝。装车的过程当中，文兰的父亲、我的老丈人也亲自动手，帮我们搬运，怎么劝他不要搬他也不答应。当他搬完最后一箱醉蟹，转身往家走的时候，我看到老人脚步沉重、步履蹒跚，身子在微微颤抖，我意识到有问题，立刻对文兰说：

快去看看，你爸爸可能哭了。

要知道，文兰的爸爸是一位老党员，我自从进了夏家门，就从来没见他流过泪。当年他一只眼睛的眼球都没了，那么疼痛，他都没有流过一滴眼泪。

当文兰紧追几步，老人转过身的时候，只见文兰爸爸泪水直流，父女俩抱在一起抱头痛哭，那感觉就如同生离死别。在他父亲看来，女儿女婿这一走，就如同走向沙场，再也回不来了。看着父女俩的伤心样，我在车上对文兰说：兰州我们必须去一下，一来保证部队演出，二来向人家首长表示感谢。但部队我们还是别去了。人为地制造一场骨肉分离，不是我们的为人。万象归春，亲情伟大，再好的福分也要大家一起分享。

我们没想过如果到了部队会发展成什么样，只知道，当年给我们搬话筒的小伙子都早当副团长了。

后来还有一些单位要来调我们，都被我们婉拒了。因为我们觉得：有个完整的家，才是最完美的。

现在看来，一切都是命！

二十二、移师南京

当我拿着档案到江苏省文化厅人事处报到的时候，人事处的刘堡处长吓了一跳说：你的档案后面怎么这么多公章啊？

我坦然一笑说：这可能是我最后一次调动，但肯定不是最好的调动。

他看了看我淡淡地说：你起飞晚了！

我当然理解他这句话的意思。因为，那年我已经45岁了。当我在江苏省文化馆工作了十几年，以一己之力跟一些"邪恶"势力抗衡的时候，我更理解了这句话。因为我不再年轻，也不再有机会了。有人说：机会是为有准备的人留着的。这话一点儿不假。既然时不再来，那就从头来过吧。

从2006年的春天开始，细心的南京观众突然发现，过去只能在电视上看到文兰和我的演出，现在却常能在金陵的舞台与基层活动当中看到我们的身影。因为我已从苏北盐城调入了江苏省文化馆。虽说担任的是戏剧曲艺活动中心导演的角色，但我们夫妇最热爱的还是群众喜闻乐见的相声。

刚到南京没多久，文兰就提出和南京的相声演员联手，发起成立了华恒昌南京相声俱乐部。每逢周六的夜晚，众多专业、业余相声演员，聚在江苏省文化馆的小剧场里演出内容丰富多彩的相声，深受观众的欢迎与好评。这也是文兰和我最乐意干的事情。

坦白地说，我们从盐城"移师"到南京，仅仅是转移了一个阵地而已，我们为基层服务的宗旨始终没有变，为百姓服务的传统永远也不会丢。因此，我俩到南京八年多，先后为工厂、农村、部队、学校、社区义务演出七百多场。非常火爆的华恒昌南京相声俱乐部，也倾注了文兰太多的心血，我们坚持走公益演出的路子，深受群众的喜爱与称道。华恒昌南京相声俱乐部也成了全国唯一一家长期免费让老百姓看演出的相声团队。

华恒昌南京相声俱乐部，原名南京相声俱乐部，2011年，由江苏华恒昌集团冠名赞助，改为华恒昌南京相声俱乐部。俱乐部除了每周六的剧场演出之外，还进学校，到工厂，下部队，跑农村，进社区，举办"美好江苏行——惠民公益演出"。换句话说，老百姓听相声是不花钱的。

听到不花钱能看演出，肯定会有人提出质疑，最起码，你们的演出费用从哪儿来？说实在的，之所以让企业冠名来做公益演出，也是不得已而为之。为什么这么说呢？很多熟悉相声圈的朋友都知道，南京尽管是一个相声的大码头，中国最高级别的曲艺牡丹奖颁奖活动也长期落户在江苏。但南京三十多年的曲

夏文兰率先成立华恒昌南京相声俱乐部

艺发展,特别是相声艺术的发展,并不如人意。

南京虽说是个大都市,但既没有自己的专业曲艺团队,也没有独立的曲艺家协会。为数不多的几位从事相声表演的老同志,也是退休的退休,改行的改行。可以说,南京专业从业人员屈指可数,加在一起,不会超过五个人。虽说有不少业余爱好者,但水平也参差不齐。

既然人这么少,为什么还要成立俱乐部呢?原因很简单,我们一直热爱相声艺术,几乎把所有的精力都扑在相声上了。当时也是受北京周末相声俱乐部的影响,就斗胆也想在南京也成立一个相声俱乐部。但没想到,在南京成立一个相声演出团队是那么的艰难。这里面还掺杂着很多人为的因素。好在南京的一些同行还都非常支持。也正是由于同行们的带动和参与,俱乐部才得以成立。

刚开始的时候,是准备在南京夫子庙的大成殿。当时,我们的恩师姜昆老师、李金斗老师还帮我们实地考察过场地,但由于种种原因,没能成功。后来想跟南京的开心茶馆一起合办,但茶馆是人家个人投资的,在演出方式和管理模式上有很多的不便。在这个情况下,我们找到了南京市白下区文化局,时任文化局局长的张振荣先生很支持,说场地我们可以提供,但你们不能卖票。正好当时国家提出了文化馆、图书馆、博物馆三馆要免费开放,所以,我们只能定位于公益免费看演出,因而也是全国唯一的。

其实,在俱乐部成立之初,我们也尝试着卖过票。但后来发现,不卖票来的人还行,一卖票几乎就没人来了,后来就想尝试着送送票,培养培养观众。再想卖票,领导坚决不同意了。因为南京人好像没有买票看演出的习惯,这就好比你请他吃饭可以,让他请你吃饭绝不可以。别说我们,牡丹奖的门票也是由政府统筹之下,由其他单位来埋单的。

对于南京相声业的生存状态,文兰一直有着自己的想法。她觉得:在南京说相声其实很不容易,因为江苏有自己的三大曲种,苏州评弹、扬州评话、徐州琴书,政府文化部门也把主要投入和精力放在自己的品牌生产上,曲艺家协会也是全力打造自己的优势品牌,江苏如果不推自己的产品,拼命推相声那倒奇怪了。南京相声有过她闪亮的过去,但发展到了今天,前景不容乐观,相声在南京的生存状态,说个不好听的话,如同鸡肋。不仅没有好的演出场所,也没有很好的市场,有些人虽说喜欢相声,也只是一种爱好,不会拿这个当职业。我们就参加过好几回年轻人的拜师仪式,但仪式之后几乎没有一个会专门来说相声,基本上都干别的去了,这也是没办法的事情,谁都得养家糊口啊。说相声不挣钱谁还会来说啊。青黄不接也是南京相声的软肋之一。

确实如此,俱乐部开始成立的时候很不顺利,成立四年,就换了四个地方,真是打一枪换一个地方。最好的一年是 2012 年,在江苏省文化馆小剧场,那是因为紧靠闹市区,人口稠密,观众进出也方便。如果没有很好的市场和人气,说相声的要想在南京靠卖票养活自己真的很难。

虽说我们是公益演出,但演员是有补贴的,一般在小剧场演出每人二百元。如果到外地慰问,相对会再高一点儿。老少一样,童叟无欺。按照这个标准,政府部门的那点补贴根本就不够用。因为只要演出,演员是什么也不管的,没补贴可能根本就不会来了。所以,我们找到了江苏华恒昌集团的董事长朱华先生。朱总因为是我们的好朋友,也非常喜欢传统文化,他二话没说,当场拍板决定支持我们做公益善事,这才有了华恒昌南京相声俱乐部的长足发展。应该说是企业家掏钱,老百姓得实惠,南京的相声人卖了个好名声。也正是由于企业的支持,我们才能放心大胆地走进基层、走进社区,才能到西安、天津、重庆、上海等地进行学习交流。同时,还把一些相声名家请到南京来献艺送宝。

文兰曾经直言,一个艺术品种不能在市场当中求得生存,不能跟市场经济紧密挂钩,那它的存在就会出现问题,也不符合发展规律。从这个角度来说,南京相声艺术的发展前景很不容乐观。因为任何一种艺术都有它的生命周期。曾经风光无限的京剧也一样,都面临着生存与发展的问题。问题是它如何能让更多的人喜欢它,让更多主流社会的人喜欢它,这才是生命力。历史上所有的艺术形式和传统文化一样,除了中国汉字和汉语这种传统文化走的时间最长,但也受到新的挑战,要想保持一成不变是不可能的,只有让大家去喜欢它,它才能存在下去。像楚辞、唐诗、宋词都是当年的流行和时尚,最终还是消失了,这是历史发展的规律。问题是能不能有办法让传统艺术形式走得更远些。像普通胶卷才一百多年就面临绝种了,很多地方戏也一样,只有几个上年纪的人在听,不改变形式、增加时尚元素肯定不行。

相声也是如此,需要坚守传统,但要把时尚的东西加进去,这是创新。如何加?怎么加?年轻人是时代的主流,北京、天津的小剧场相声之所以这么火爆,就是因为众多年轻人喜欢,这才有了它的发展和生存的空间。相声还是应该多从年轻人身上发现新的可以加入的元素,让年轻人、中年人喜欢的艺术形式才会有一定的市场。相声的发展不仅仅是南京的问题,而是这种艺术形式生存的问题。这是个大题目,需要有更多的人来关注。令人开心的是,南京的相声经过八年的努力,不仅重回夫子庙一带演出,而且还卖上票了。

尽管文兰和我一场也没去演过,但看到相声能在南京回到它的本体,这不正是我们一直梦寐以求的吗?

文兰说得好:通过市场的检测,让南京相声健康地发展。坚守传统,其实不需要被传统套住头。说不定,传统的边缘化正是另外一条发展之路。

2014年,第二届世界青年奥运会在南京举办。2010年,为了庆祝南京取得第二届青奥会主办权,文兰和我创作了南京新说唱《南京欢迎您》,这是第一个以曲艺的形式关注、宣传南京青奥会的文艺作品。

这也是文兰和我第一次用南京话来表演节目,难度还是蛮大的。这个节目一经推出,就引起了社会的广泛关注,许多中小学生慕名前来专门求教。尽管此前南京有过风靡网络的《挤公交》《喝馄饨》《房的一米》等说唱,但与那些市民特色浓郁的段子相比,《南京欢迎您》更多的是赞美南京的面貌、南京的文化和南京的明天。以至于我们在新加坡访问演出期间,当地的华人电台都对我们进行了采访和播放。

2012年春节期间,应新加坡华族文化艺术节组委会的邀请,中国相声艺术家代表团在新加坡进行了为期一周的友好访问,并连演三场相声专场晚会。文兰和我作为中国男女相声的代表人物再次受到邀请。此前,我们曾随中国广播艺术团大型相声剧《明春曲》剧组两次访问新加坡,得到很高的评价,并受到时任新加坡总理李显龙先生的接见。值得一提的是,本次访问,我们除了精心准备了几段相声节目之外,还专门翻唱了《南京欢迎您》。

早在第一届青奥会在新加坡举行的时候,新加坡华语广播电台就通过互联网,重点推出了这个颇具南京特色的说唱,这次能够在新加坡现场展示,不能不说是南京人的骄傲。

文兰觉得:能以曲艺的形式关注、宣传南京和青奥会,是文艺工作者的责任和使命。

既然是新南京说唱,关键是突出一个"新"字。文兰在创作的时候,就特意融入了众多的南京元素,像发源于南京地区的民歌《茉莉花》就被拿来作为背景音乐,秦淮河、中山陵、新街口等耳熟能详的地名景点,秦淮八绝、黄桥烧饼等南京小吃,都是里面描述的内容。尽管我们夫妻都不是地道的南京人,但我们从心里一直热爱着南京这座美丽的城市,在新加坡上演《南京欢迎您》,就是我们内心感受的真实写照。

其实,到南京之后,我和文兰还有转行的机会,但我们一直在坚持。

因为那些年我们什么也没干,不是不能干,而是不愿干,只是拼命地写相声、说相声。说句实话,要想把地道的北方曲种在江苏地区扎下根并不是件容易的事儿,江苏自己的曲艺市场都危在旦夕,日渐萎缩,何况嫁接移植的外地曲种呢?男同志说的相声都不太景气,男女搭档能受欢迎吗?尽管当年行内外有不少人对我们的男女相声持怀疑态度,但功夫不负有心人,由于我们不懈的努力和追求,终于有了相应的回报。三十多年来,我们的男女相声不仅获得了多次国家级奖励,而且还非常受普通老百姓的欢迎,我们的足迹也踏遍了祖国的大江南北、长城内外,甚至跨进了美国、澳大利亚、香港、新加坡、沙特、阿联酋等国家和地区。

我们没有任何理由不为这个行业添砖加瓦、出力流汗。

二十三、笑洒秦淮

2005年底,我从老家盐城调到了江苏省文化馆。说是调动,其实是通过相关的招聘和考试才完成的。

在此之前,文兰和我应邀参加了江苏省文化馆举办的"亲情、民情、乡情"演出活动。在到北京慰问农民工的日子里,当时主持江苏省文化馆工作的张晓雁先生跟我"对上了眼"。他是基层文化局局长出身,说话办事也是雷厉风行、大刀阔斧,正可谓是英雄相惜。

当他向我发出邀请加盟江苏省文化馆时,我犹豫了三秒钟说:我来可以,但前提是您必须还在这当家。

但万万没想到,我刚刚到省文化馆报到,张晓雁就因为公务员身份的事情回到省文化厅工作了。他是回去了,可在那些不喜欢他的人眼里,我就是他的人啊,加上我这人心直口快、口无遮拦,第一次公开会上我就说了几句实话:现在这个社会什么最难,那就是说实话。因为说实话容易得罪人,我就不怕得罪人,因为我得罪的根本就不是人。

这一句话不要紧,我艰难的日子重新来过。

为这事,文兰没少提醒我,也没少给我擦屁股。很多时候都是我嘴上痛快了,但文兰都会在私底下跟人家解释甚至道歉。别的都无所谓,张晓雁的离开直接影响了文兰的调动,也直接影响了我事业上的发展。好歹我的抗击打能力极强,加上文兰调到南京之后的大力辅助,我们算是重新开辟了一条新路。

109

形影不离

马云有一句话：如果你自己不够强大，说什么都是白搭。他们有话语权，而你根本没机会说话。这就是当今社会的生存法则。

我离开盐城的时候，文兰还在盐都文化馆工作，但基本上不上班。为此，文化局的刘旭局长、丁琴局长顶住了很大压力，一直让文兰在南京陪着我，没有特殊情况，从不安排文兰的工作，工资、奖金丝毫不受影响。这在当时来说，是非常不容易做到的一件事，直到现在我都心存感激。

在如何调到南京的这个问题上，我们确实费了一番周折。

熟悉我们的朋友都知道，文兰和我从不主持任何婚宴，不管对方什么身份，给多少钱也不会去。但只要是亲朋好友办喜事，不仅第一时间赶到祝贺，而且红包、礼品，绝对不少。非常凑巧的是，我的老大哥、江苏省农委的吴一波先生要为他老战友的儿子操办婚宴。吴大哥跟我和文兰相识多年，脾气性格、为人处世也非常接近，加上都喜欢豪饮，自然成了好朋友、铁哥们儿。他当时是龙江宾馆的老总，我们天南海北的朋友到了南京，没少到他的一亩三分地上"糟蹋"，他也成天应接不暇、乐此不疲。大家都笑称他是盐城市民间接待办主任。

这么一位受人尊重的老大哥发出邀请，我们自然乐于接受，于是很顺利地就把那场婚礼操办完了，主家当然特别满意。无巧不成书，当时在江苏公安边防总队担任领导职务的高洪海先生，也是盐城人，并且跟吴一波还是战友，更是好友，对我和文兰也早有耳闻，当他部队首长女儿出嫁的时候，谈了很多婚庆公司，其他都好办，唯独主持人，他们家的宝贝女儿是怎么也看不上。

首长问女儿：你到底喜欢什么样的主持人呢？

女儿回答：就是会说相声又会唱歌的那对叔叔、阿姨。

既然有了目标，那就顺藤摸瓜吧，这一找不要紧，原来是沙奶奶和沙老太太的关系——全是一家人。

那场婚宴可以说是尽善尽美，不仅调动了江苏电视台春节晚会的舞美班底，还从北京请来了一些名家大蔓，加上我的插科打诨，气氛相当热闹。

完美操办完婚礼之后，我们拒绝了首长的一切酬劳，当听说他跟白下区相关领导关系不错时，我们就冒昧地提出能否请他帮忙打个招呼。因为在此之前，白下区文化局的张振荣局长已经把调入"特殊人才"的报告递给相关领导了，但一直没有回复，我知道，这时候需要有人助力了。

为了保证文兰的调动顺利成功，我还给江苏省政协副主席张九汉先生写过一封信，因为他当过我们盐城市的市委书记，为人很谦和，对我们的情况也比较了解。在一次参加农民工普法宣传的活动现场，文兰向老书记表明了自己的想法，张书记说：你们留一下我秘书的电话，跟他保持联系，我会跟他交代好的。

2007年7月初，南京相声俱乐部正式成立，举行成立仪式的地点就在白下区的市民广场，在得到张主席能够出席成立仪式的确切消息后，我们又邀请了文化厅副厅长王慧芬女士，她也一直非常关心文兰的事情。白下区文化局的张振荣局长也及时向区里主要领导汇报了这件事。据说区里两位主要领导一直就在办公室里等着，如果张主席不能前来参加成立仪式，他们也就不参加了……

就在相声俱乐部成立仪式之后不久，白下区人事局的领导给文兰打来电话，说可以调档了。

都说有机缘巧合。但我想，所有的缘、所有的巧，都在平时的修行修为。

所谓"有心栽花花不开，无心插柳柳成荫"在前，更有"山重水复疑无路，柳暗花明又一春"在后。

文兰调动当中的玄机妙道，只有当事人最明白了。

此后，秦淮河畔响起了文兰优美的歌声和爽朗的笑声！

二十四、出任老总

在文兰正式调到南京工作之前，我们已经自己在想办法解决这个问题了。当时通过好朋友、盐城市三院的王爱坤院长认识了在南京做医疗器械生意的盐城人薛卫华。正是这个薛卫华，让文兰和我又多了一番别人难有的人生体验。

当我们拜托薛卫华跟他们的老板、江苏省华恒昌集团的朱华提出能否成立一个文化传媒公司时，朱华开始并没有任何表示，此事也就不了了之。没想到，峰回路转，一个偶然的机会，让文兰、我和朱华以及他的团队捆绑在了一起，并且一捆就是十年。

坦白地说，从事文化艺术工作三十多年，大大小小的晚会也做了二百多台。在我眼里，一些所谓的艺术问题，早就可以用驾轻就熟的技术手段来处理了。特别是跟一些企业家的合作，那就显得更为简单。一般来说，企业家们对舞台艺术不是很在行，对文化的概念很多人也是模糊不清，只要能保证企业正常运转，公司能赚到钱就行。故而，只要你顺着他的意图走，跟着他的想法干，他出钱，你出力，他吃五，你喝六，晚会一经亮相，基本上就算大功告成，到时皆大欢喜，其乐融融。大家说不定还都假模假式地说，节目真不错，都快赶上春晚了。听到这话，我从来没开心过。道理很简单，企业家们要的不是艺术，是场面，是面子，是热闹，是钱烧的。艺术家在这种环境和场合下，只能是一种陪衬或是被边缘化的人。但凡遇到这种情况，文兰和我一样，都是从内到外由衷地感到不爽，为那些有钱的老板,也为自己深陷其中感到好笑和悲哀。所以,有人总结说,有钱的老板一生只吃三碗面:人面、场面、情面。

非常有趣的是,当我们真正介入江苏华恒昌十周年庆典晚会活动的时候,邀请我们的并不是我已熟悉了的老总朱华,而是过去曾在文化界工作过的一个老领导。当时,也只是请我帮他们在语言类节目上把把关、润润笔,并没有太多的任务交给我。之所以越往后我的工作量越大,那完全是我"自作多情""自作自受"的结果,既是因为和华恒昌员工们不断磨合交往以后的顺其自然,更多的则是因为朱华的不断出现和调度。

第一次与朱华见面是在紧靠南京夫子庙的一个烧烤店里,因为薛卫华正好在华恒昌集团里面任职。在我的感觉中,薛卫华应该算是一个十足的"商人"。俗话说:凡商必奸。对于这一路的朋友,我一般是敬而远之。不是惧怕他们的精明,而是我实在不是做生意的材料,但这并不影响我和他们的交往。要知道,搞文化艺术的还是比较善于跟各色人等打交道的,要不还怎么在神圣的舞台上塑造各种人物啊?

大概由于初到南京,薛卫华当时的生活既安逸又闲散。所以没事常约我喝酒,尽管我经常没时间,但一直答应他找时间聚聚。没办法,谁让咱好这一口呢!

那天晚上,我在另外一个地方已经喝多了,薛卫华又来电话了,趁着酒兴,我如约前往。之所以坚持来,是因为薛卫华多次在电话里提到要让我跟他的老板朱华认识认识,说此公为人如何如何!生意人能如此夸人也真不容易。

出于礼貌我就去了。到那儿一看,地方不大,场面不小,基本上都是华恒昌的员工。此时,朱华已经扔下自己的员工,在门口热情地等着我了。尽管我当时已经不是十分清醒，但朱华还是给我留下了干练、帅气、自信、豁达的第一印象。当时我就觉得，如果有一份合同放在我跟他之间，那人家肯定跟他签，原因很简单，我们的聪明写在脸上，而人家的智慧埋在心里，可能这就叫道行！本以为这种情形之下，朱华肯定会调动手下把我灌个死醉，没想到他居然一滴酒没让我喝，最后还让司机把我安全送回家。事后我才知道，那个烧烤店是他原来的一个员工开的，为了照顾他的生意，朱华一有空就带着自己的朋友来给他捧场，这让那位员工非常感动。有情有义，诚心相待，这是朱华给我的另外一个印象。要知道，这样的老板现在还真是不多见了。

第二次跟他接触，是在新街口附近的红泥大酒店。那天晚上我有一个演出，本不便如约，但朱华盛情相邀又不能不来，席间还有几位熟悉的政府官员在场，为了不影响我的演出，朱华巧妙地让服务员帮我换了杯白开水。席间，还让我频频举杯，大家也就心照不宣地推杯换盏。直到我抽身离席，朱华又热情地送到门口，并相约有机会把酒畅饮。对于这样一位善解人意、尊重朋友的老板，我没有理由拒绝，于是，就有了我们以后多次的交往。

第三次跟朱华打交道，是在2009年春节前他们老家政府在南京举办的企业家新春联谊会上。不知是主办方的失误，还是哪个环节没协调好，也许是开会拖延的时间太长，轮到正式演出的时候，台下的秩序有点儿乱了。我们的演出几乎是和嘉宾们的声音同步进行的，演出效果可想而知。作为演员，我心里自然很不舒服，就在我闷闷不乐地要离开现场时，朱华请来我非常尊重的一位老领导端着一大杯酒来到我面前，说今天的演出没让您发挥好，等到华恒昌十年庆典的时候，我一定请你再展风采。说完，一饮而尽。这倒让我觉得是自己今天的演出没发挥好。

当我得知华恒昌在搞十周年庆典活动的时候，他们的前期工作已经开始了。按照我们以往的思路，肯定是商家掏钱，明星唱戏，嘉宾观赏，皆大欢喜。

让我想不到的是，参与演出的演员全是他们自己的员工，他们要做一台属于华恒昌人自己的专题晚会，主题就叫"感动·感恩"。既请人写了司歌，又请来了专业的舞蹈指导。初听这个消息，我觉得有点不可思议。这不开玩笑吗，一个推销医疗器械产品的销售公司，销售才是你们的强项，艺术肯定是你们的弱势。再说了，花费这么多的人力、财力、物力，请什么样的明星不好啊？要知道，绝大多数有钱的单位和老板可都是这么干的。

然而，到了第一次合成，确实让我吓了一跳。华恒昌男男女女、老老少少居然来了一百多位，这还不算安徽分公司的员工和在外出差的。

合成的时间很短，加上准备也不是很充分，合成的效果显然不如人意，充其量是一台企业员工自娱自乐的演出而已。但朱华总结时的一句话深深地打动了我。他说，我

《家乡美》演出照

们可以请明星,我们可以邀大蔓,但这不是我们的追求和目的。我们为什么要做这样一个动作,是因为我们要怀着一颗真正的感动、感恩的心,来感谢多年来一直帮助、关心、支持我们的客户,这是花多少钱都买不来的。我们不是在表演,我们也不是在作秀,我们就是要用自己的实际行动,来展示我们自己的文化,来回报他们……

也就是从那天开始,我决定融入他们这支演出队伍当中。因为,我相信,凭着朱华对朋友的真诚真情、真心真意,这台晚会一定能成功,并且会有着不一样的意蕴。

接下来发生的许多故事,使我不停地被感动。

一个不到十平方米的办公空间竟然成了他们每天下班后的排练场,所有的节目,几乎都是在这里完成的。时值南京天气最热的阶段,赶上错位停电,人站那儿不动都大汗淋漓,何况还要又蹦又跳。有几个小姑娘好几次都快晕倒了。

演双簧的两个小伙子,一开始连话都说不利索,加上又都是一线的营销人员,排练的时间很难凑齐。于是,他们就分别在外地通过手机来对词,据说电池换了好几块。

舞蹈《感恩的心》,有很多下跪的动作,而且一跪就是五分钟,演员们又不是专业出身,不懂得保护技巧,每次排练结束,站起来头晕眼花,腿脚打晃,并且腿上是青一块紫一块。

有一个长得很帅气的小伙子,在内蒙古首场演完之后,"扑通"倒在了地上,原来,他们除了参加排练、演出之外,都有各自要接待、陪同的嘉宾,加上水土不服,小伙子已经连续发烧两天了,大量的体力消耗,使很多人在内蒙古的时候都感到了不适,但没有一个人叫苦叫累。这种只有在部队才会发生的感人故事,在华恒昌这样的民营企业里也随处可见。据说这位小伙子是朱华的外甥。

两位负责接待的小姑娘,结束完排练以后,时间已经是夜里十一点了。由于飞机误点,直到凌晨两点,客户们才陆续到齐。演出结束奔赴草原后,气温一下子降了很多。有两位男客户,开始无所谓,但不一会儿就感到了凉意,但此时租赁的棉衣早就分发完了,还是这两个姑娘把自己的大衣让给了他们,自己却冻感冒了。

正式演出那天,文兰设计了一个现场所有员工冲向舞台高唱《华恒昌之歌》的环节,从他们瞬间的排列组合中,我一下子感受到了华恒昌人的那种凝聚力和感染力,也感受到了他们发自内心的一种责任和一种大爱!大概这就是文化的力量!

正是因为有了华恒昌十周年活动的精诚合作和坦诚相见,我们和朱华倒成了无话不说的好朋友。

就在白下区文化局让文兰到文化馆报到上班时,朱华主动发出邀请,让文兰出任他们集团文化传媒公司的总经理。本来我们先求于人,现在也不能不答应,但文兰提出两个条件:一是不能影响正式工作;二是不坐班,不拿钱。

当她在华恒昌帮忙两个月后,朱华让财务给文兰发了三万块钱,文兰立马不干了。

她真诚地对朱华说:你们企业也在发展阶段,除了自身的业务需要拓展之外,文化的展示也是必不可少的。我们现在正在南京打造传统文化——相声,集团可以考虑适当赞助一下南京相声俱乐部,甚至可以冠名,这样就会像其他企业赞助足球一样,很快引起社会的关注,对内可以提升士气,对外可以扩大名气,对客户可以聚集财气。朱总您也别心疼,权当给我发劳务费了。

正是有了文兰的智慧和付出,才有了华恒昌集团对南京相声俱乐部的冠名,才有了七年如一日换来的南京普通老百姓的拍手叫好。

接着,文兰为企业列出了一系列的文化项目。

打造一张文化名片,那就是创办《中国华恒昌》杂志,然后让华恒昌网站全面改版升级,随后搞了一次江苏省大健康文艺巡演,又搞了一次魅力沛县形象大使的选拔,在第一时间推出了华恒昌微信公众平台。

短短的几年时间,华恒昌的社会美誉度直线上升,客户回报率也是一路飙升,很多客户主动扩大订购,要求扩张。这倒让一些人产生了疑惑,这是文化的力量呢,还是公关的作用呢?

文兰说得好:很多人有个误区,认为"文化是个大箩筐,什么都能往里装"。但是千万不要忘了:文化不是装出来的,孙子才是装出来的!

就冲这个理念,文兰当个文化馆长也绝对没问题。

在担任老总的那几年里,文兰除了要干好本职工作,其余时间全都扑在了华恒昌集团的事务中。无论是招商还是推广,她都想尽一切办法,为企业赢得空间,受到了集团内外的一致好评!

二十五、拒收厚礼

在跟华恒昌集团合作的过程当中,文兰始终坚持一个原则,那就是:为企业做事,替企业节省。正是因为这一点,华恒昌集团的董事长朱华非常尊重文兰。

有一次,朱华在老家沛县赞助一个文化活动,当地的运营商拿来了一个五十多万元的报账单。碍于面子,朱华不宜多说,他全权交给了文兰处理。按照企业正常的操作,只要签下合同,对方多少会按比例提成给当事人作为回报。但这一次,运营商失算了,文兰不仅不是吃回扣的人,而且非常在行,她看了看预算,拿起笔把多余的预算直接划掉。然后告诉对方:舞台可以缩小到合理面积,大屏可以架空用,灯光、舞美可以这样改效果会更好。特别是演员这一块,根本不需要这么大的投入。

就这样三下五除二,一份五十多万元的合同,只花了十几万元就成交了,最后的效果非常完美。

任何单位就怕有"蛀虫",文化单位如此,企业单位也是一样。文兰虽然只是个挂名的总经理,但因为朱华对她特别信任,还算有点权力,这恰恰挡了某些人的财路,为此没少得罪人。有些人还私底下告了不少"刁状"。

为了保证企业开发新的市场和新的发展,华恒昌集团并购了吉林生物研究院,推出了一款癌症早测试剂——"六早"。这是一款通过尿检就能测出人体基本情况,特别是有没有癌细胞的肿瘤试剂。这种产品比国际市场上流行的产品要先进很多年。由于要在市场上进行大面积的推广,广告投入可以说是巨大的,除了在中央电视台要打广告,航空杂志、高铁杂志都要有所投入。这时候,作为传媒公司的老总,自然是很多媒体单位的公关对象。

有一次,广东某航空公司广告代理商向文兰提出了优厚条件,只要能让他们广告公司代理,除了正常的回扣,还可以免费乘坐一年的航班,还可以安排一家三口的欧洲十日行。

文兰非常聪明地问:"这些费用加在一起大概多少钱?"

对方说:"最起码五十万元。"

文兰说:"好,你在最低价格的基础上,扣掉五十万元,咱们再谈合作。"

对方一听就不干了:"夏总,我们这是给您个人的。"

文兰说:"对呀,这个集团就是我朋友个人的啊,你给我个人最低价格,不就是给我朋友最大优惠吗?"

夏文兰参加大型相声剧《明春曲》演出后与恩师姜昆先生致谢观众

在一次集团高管会议上，文兰当着大家的面，拿出了一堆广告代理商送来的礼品，她真诚地对朱华说："对企业我是个外行，但对朋友我是个内行。如果把节省下来的资金，投入企业更需要的地方，我这个文化经理就算没白当。"俗话说，君子爱财，取之有道。南京的相声演员，有了华恒昌集团的大力资助，才能全身心地投入公益活动当中去，才能和来自全国各地的同行学习、交流。朱总功德无量，我们只不过是做了一点儿力所能及的事。

二十六、淡泊名利

都说娱乐圈是个名利场,相声圈也不例外。

都说不想成名的演员不是好演员。但娱乐圈成名谈何容易,特别是女演员,要想在浑浊不堪的娱乐圈"混"出一点儿名堂,那真是要历尽艰险,还未必能修成正果。

文兰自出道以来,就经历了很多名利上的诱惑。在我们"走穴"期间,有些不怀好意的"穴头"也想单独约她吃饭,但都被文兰婉言谢绝了。有时候实在躲不过去,她就坚持让对方叫上我,弄得对方很尴尬。

1996年的元旦前,也就是参加完侯宝林"金像奖"相声大赛后不久,文兰接到央视一位导演的电话,说是要排一个四个女相声演员表演的节目,参加央视元旦晚会的直播。经过证实,其他三位女演员也都接到了邀请,文兰当即跟导演提出,能否跟我一起合作,导演当然不会答应。

文兰很客气地跟导演说:谢谢导演的抬举,我本来就不太会说相声,也只适应跟我爱人合作,一旦跟别的演员合作,我可能连话都说不利索,别到时影响其他演员的发挥。这次就不参与了,以后有机会再说。

其他女演员听到文兰的话大惑不解,明明是天上掉馅饼的事情,你怎么可能拒绝呢?

其实我心里很明白,文兰是为了我才不得已走上相声舞台的,除了跟我,她不会跟其他人合作。说出来大家不信,文兰除了工作需要才创作、排练一些相声,其他时间,绝对和相声不沾边。有时候开车,我放些相声节目,她立刻打招呼说:快别放了,我都犯困了。

就是这么一个对相声不是酷爱的人,居然在相声舞台上站了三十年,个中答案只有我清楚,那就是文兰对我的爱。她知道相声是我的命,她要保护我的命。

每当有各地电视台邀请她做节目,她总是第一时间把电话递给我,让我来洽谈;每当有记者来参访,她总是让我多说,即便是报纸要登照片,她也建议记者发我们两个人的。

有一年到浙江电视台做节目,主持人非要问我们俩在家谁做主,谁说了算。

文兰幽默地回答说:在我们家是这样的,一般的小事情都是我来管,我们家倪明是专门管大事情的。但是,非常遗憾,我们俩结婚这么多年了,家里也没发生什么大事情,就这些小事情我都懒得管。

2002年,中国曲艺家协会举办了一次"德艺双馨"曲艺家的评选,当时推荐方是想让文兰参选,但文兰谢绝了他们的安排,一再表明说没有倪明,就没有夏文兰,他做的工作远远超过我,建议让我参评。推荐方经过慎重考虑,采纳了文兰的建议,最终我成了"德艺双馨"的曲艺家。

文兰对我如此,对同事、朋友也一样。

在盐城文化馆工作的时候,每逢评先进、选劳模,文兰肯定第一个表示不参评。如果有奖金分配,她总是让着老同志。有时候拿了一点儿奖金,也会在第一时间请大家饱餐一顿。

调到南京工作之后,文兰依然如此。在主持华恒昌南京相声俱乐部工作期间,她总是想方设法地为演员多谋福利。看到演员每天赶场子非常辛苦,她主动找到朱华,希望给演员增加一点儿补贴。看到大家收入不高,她又调动各种社会关系,为南京说相声的同人增加收入。每当有新闻媒体采访,她总是安排其他演员多说,自己则默默无闻地干着其他工作。

在白下区文化馆工作的时候,单位要组织相关业务人员到台湾做一次文化交流,领导点名要让文兰去。但文兰考虑到单位有个女同事马上就要退休了,主动让出名额,让那位老同志去了台湾。

有一次江苏省曲协举行会员代表大会,选举相关理事,事先我就知道,因为平常我说话耿直,口无遮拦地得罪了一些人,他们早就商量好了要投

在上海世博会演出

我的反对票。本来我不想参加会议了,免得尴尬,文兰劝我说:要相信自己。你为相声事业做了这么多好事情,大家有目共睹。你更要相信,这个世界还是好人多。

有人投我的反对票我也就认了,也不知谁跟文兰开了个玩笑,居然也投了她一张反对票。有人说投这张反对票的人太不厚道了,夏老师这么善良,怎么能昧着良心说话呢?

文兰淡淡一笑说:这是我自己投的。因为我觉得自己还不够优秀,其实就是提醒自己,要坚持做好人。

话是这么说,但文兰平生第一次对这个圈子产生了厌恶。

尽管文兰一贯礼让避后，但各种荣誉还是纷至沓来，她先后获得过"三八红旗手""新长征突击手""文化标兵""三下乡先进个人"等荣誉，不仅成为江苏省"十大杰出青年"候选人，还当上了盐城市的政协常委。

由于文兰的脾气好、人缘好，亲朋好友有什么事情找到她，她总是想尽一切办法帮他们解决，所以私底下大家都管她叫"夏仙姑"。言外之意，没有她办不了的事。

二十七、长辈关爱

熟悉相声圈的朋友都知道,这个行业很讲究辈分。当然,这在南方感受不出来,一是从业人员比较少,二是他们好像也无所谓,有时候甚至根本拿这个不当回事,只是需要在外行面前摆谱的时候才端着架子"显摆显摆"。

在文兰从艺的三十年当中,她非常准确地把握和处理好了与同行、同业以及长辈之间的关系,让很多长辈对她刮目相看。

就拿我们拜师来说,唐杰忠先生就帮了很大的忙。

在我的印象里,唐先生朴实憨厚、儒雅自然,能与每一个合作的逗哏演员都配合得严丝合缝。他不夺戏,不抢戏,堪称一代"捧哏巨匠"。

唐先生在圈内一直有着提携晚辈、宽厚待人的好口碑。作为姜昆老师的徒弟,我们拜师的时候,唐先生也帮我们说了很多好话,他积极支持姜昆老师收我们为徒。开始,姜老师还有点犹豫。但唐先生告诉他,这两个人台风很正,作品有新意,有你这个大家在后面指正和培养,一定能出来。后来加上当地领导的推动,文兰和我才梦想成真。拜师的时候就在一个小饭馆简单地吃了个饭,唐先生和大山都参加了。

记得在"马三立杯"相声大赛的时候,著名快板书表演艺术家张志宽先生颁奖晚会在后台见到文兰,热情地赞赏道:看你这么文静、优雅的样子根本不像搞曲艺的,更不像说相声的。你给这个行

倪明、夏文兰与快板名家张志宽先生在一起

业吹来了一股清风，让相声多了一份感觉，那就是可爱。

就在那次见面之后，我们跟张先生渐渐地成了忘年交。因为他儿子、著名影视演员张子健管我师父叫"干爹"，文兰就顺水推舟地开玩笑说：既然您儿子管我师父叫"干爹"，那让倪明也叫您"干爹"呗，算是我师父的徒弟跟您儿子互换。

张先生也开玩笑说：倪明叫干爹也行，但他得叫清楚了，你们南方人有时候吐字不清。我是"干爹"，可不是"干鳖"。要不然我成那个了。

就在收大山、王红专他们为徒的那次拜师宴上，文兰又帮我出主意，她说人家拜师，你就拜爹。

等到酒会快要结束的时候，张志宽先生高举两大杯白酒说："我今天收了五十几个徒弟，他们对我都挺好，但没有一个能陪我喝酒的。现在好了，我多了一个干儿子，他是姜昆的徒弟。子健是姜昆的干儿，今天我就收姜昆的徒弟为干儿了。来，倪明，把酒干了！"

我对张先生一直非常尊崇，也一直视他为长辈。既然有这么个好机会我自然要表现一下了。我说："中国曲艺博大精深、底蕴丰厚，规矩老礼也很讲究。人常说，人当礼仪为先，树当枝叶为源。既然张先生是我干爹，我不能像那些徒弟似的，光鞠躬、不磕头。这样,我给老爹老妈磕头了。"说着话,咣当,我当众就给张志宽夫妇跪下了。

在一旁主持的李金斗、孟凡贵立马"砸挂":"你说你们这些徒弟怎么当的,这么些徒弟不如一个儿子。起来吧,儿子!"

合着我又多俩爹。

玩笑归玩笑,金斗老师对我和文兰确实情深义厚。

随着我们活动范围的不断扩大,金斗老师成了我们经常邀请参加演出的嘉宾,他只要有空,绝不推辞。包括我和文兰在北京期间,他总是会安排我们到北京周末相声俱乐部去演出,而且每次看完了我们的节目都要给出即时的建议和指导。

有一回文兰在台上使了个"垫话",观众反响还可以,但金斗老师立马指出哪句不对,哪句多余,哪句还少了。他反复跟我们强调:相声语言特别讲究,多一字不成,少一字也不成。他还建议我们多演演"双簧",这样可以多一些本事。

那次在他家吃饭,金斗老师还特意让大兵跟我们念叨一下表演双簧的体会。

正是受北京周末相声俱乐部的影响,文兰一回到南京就倡议组织了南京相声俱乐部,让久违了的南京相声重新在南京崛起。

还有一个秘密,现在可以公开了。

在成立相声俱乐部之初,特别是在华恒昌集团赞助之后,金斗老师曾经约文兰和我深谈了一次。他特意关照文兰,相声行业有不少好的传统和规矩,但也有不少是小人,借光不道劳驾的人不在少数。你们两口子做人太单纯,尤其是倪明,干什么都不带防备心,这样将来可能要吃亏。闺女你要时刻提醒着点。比方说那个谁,你们一定要小心。还有那个老先生,一定不要让他跟你们的好哥们儿朱华接触，否则你们干不下去。还有一条倪明千万要注意，不要和朱总"砸挂"开玩笑。

因为我心存坦荡，所以也就没拿金斗老师的话太当回事。结果几年以后，金斗老师的预言一一得到了验证。如今，南京相声俱乐部早就转型了。非常幸运的是，幸好我记住了金斗老师不要跟朱华开玩笑这句话，我们至今还是哥们儿。

2007年国庆前，中国曲艺家协会安排我们在北京举办了一场"夏文兰、倪明相声专场"演出。当时我们非常希望能有北京的同行和老师来捧场，金斗老师二话没说，专门让他的大徒弟刘颖和几个学生在第一时间赶到现场，不仅带来了媒体的朋友，还专门送给文兰一部手机和一款新式导航仪。这让到场的刘惠、孙晨、周炜等几个师兄弟非常羡慕。

就在我们到南京落户不久，南京的开心茶馆开张了。为了聚集人气，茶馆的主人梁爽拜托我请金斗老师，还有大兵、郑健、刘惠、刘全刚等一起来捧捧场。

活动结束的第二天早上，金斗老师特意在机场给文兰打了一个电话：闺女啊，昨天开心茶馆给我送了一盒茶叶，我不喝绿茶，给留在总台了，你马上开车去取，注意，千万别送人啊！

当文兰拿着茶叶回家打开时，里面放了一万块钱和一张纸条：祝贺乔迁，贴补家用。

文兰感动得一下子流出了眼泪。

我的好朋友、著名企业家顾宇在内蒙古的公司开张，原定我师父姜昆先生的节目在最后"攒底"，但他第二天早上有重要会议，所以要连夜赶回北京，只好让他的节目提前了。当师父离开赤峰后不久，我接到了金斗老师的电话，他提醒我说夜间行车，安全第一，你要不停地打打电话、发发信息关心一下你师父,这就是我们讲究的徒弟的"孝道"。金斗老师的话让我们受益终生。

当年,我师父姜昆先生创作了国内第一部大型相声剧《明春曲》,我和文兰有幸参与其中,学到了不少真东西。文兰还在青岛的专场演出当中临时"救场",让师父对她更加刮目相看。特别是我们每次到北京演出,我们的师兄刘惠、师叔刘全刚,对我们两口子关爱有加。只要演出一结束,刘惠师哥就会开着他那新车,带着我们到处转悠。不是东来顺,就是老边饺子,半年多下来,北京的东西南北城几乎吃了个遍,至于北京的牛街,更是常客,文兰最爱吃的就是那儿的爆肚和牛肉。

刘惠看文兰吃得特别香,还跟她开玩笑:没想到我师妹也是个回民。

二十八、爱徒如子

在相声界,有一个独特的现象,如果没有拜师收徒,好像是一件很没面子的事。我的恩师姜昆先生曾经跟记者解释说:因为相声这门艺术是靠口传心授来完成的,过去中国也没有正规的曲艺或相声大学,所以,拜师之后呢,就等于拿到了文凭,也就可以上台表演了。

20世纪90年代中期的时候,我的师爷马季先生曾经提出一个观点,后来被淹没了,那就是相声排练最好要有导演。如果演员自身具备这样的条件,可以进行二度创作,如果只是拿着别人创作的本子来表演,最好能有专业导演的参与。他甚至提出过,相声最终肯定是要有所变化的,没准就会和小品之类的艺术嫁接,但不管怎么变化,它的喜剧效果肯定还是第一位的。

我在想,有时候师父要做的工作,就是给徒弟当导演,无论是台上的还是台下的,艺术的还是生活的,如果你导不好,可能结果就差强人意。

我和文兰一共正式收了32个徒弟,还有一些虽然很喜欢相声,但最终不干这行,所以就收成了义子、义女,这也是文兰干儿子、干女儿比较多的一个缘故。

虽说我们有这么多徒弟,但没有一个是专业从事相声工作的,基本上都有自己的岗位,有的是医院的,有的是学校的,有的是文化馆的,有的是卖保险的。可以说是五行八作,干什么的都有。我们之所以收徒弟,不仅仅是受相声圈的影响,更多的是与我们的工作密不可分。因为我们是文化馆的从业人员,文化馆最重要的一项工作就是要培养大批的业余文艺骨干。所以,三十多年,我们在部队、学校、厂矿、农村,所教的学生不计其数,但收为徒弟的也就这些。

大徒弟朱军从小就跟着学习,他长得喜庆,很有台缘,在盐城有"小马季"之称,现在在盐城电视台工作。

掌门的徒弟叫孙如标,曾经获得过"江苏省十大名票"之首,他演唱的地方戏,深受当地老百姓的喜欢。用文兰的话来说,他是相声行里淮剧唱得最好的,在淮剧行里相声说得不错的,在相声、淮剧两个行业里,他是保险卖得最棒的。正是因为他突出的业绩,现在已经是保险公司的老总了。

至于杨峰、张志刚他们,都有着一份稳定的岗位和收入,业余时间能登台表演增加一点乐趣,他们已经很知足了。

最有意思的是南京的几个徒弟,他们是刘亚伟、李义、童辉、沈沉、吴霞、蔡梦、陈浩东、董栋。

在所有的徒弟当中,只有刘亚伟是科班出身,他是中国北方曲艺学校的毕业生。文兰老跟他开玩笑说:你在天津跟那么多老先生都学过,会的比我们还多,干吗还要拜我们呢?

亚伟的回答倒也挺实在:我想跟你们一样的跟别人不一样!

拜师之后的刘亚伟没少让南京那帮说相声的挤对,但他从来不说。现在在南京公安局警官艺术团干得也挺好,只不过是从演员变成创作员了。

李义是山东人,一直追随我们在南京打拼,他还是金陵即兴戏剧社的创始人,现在已经有了自己的工作室。

133

倪明、夏文兰与师爷、相声大师马季先生在一起

童辉是因为《南京日报》著名记者、也是我们的好朋友梁平先生的介绍才认识的，他现在在北京电影学院从事导演工作。

吴霞、蔡梦、董栋都是漂亮大方的女孩子，现在都有着自己的幸福家庭。董栋居然还嫁给了一个老外，小伙子一见到我，也非要跟着学相声。我问董栋为什么要嫁给老外，她回答一句话，连我们都乐了：师父领进门，嫁就嫁给外国人。

也不知道这是谁教的。

别看这些徒弟在业务上我们没教多少东西，但对于他们的生活、事业、为人、处世，文兰一直尽心尽力。

盐城有个徒弟叫季逢春，当年在苏州打工，因为业务开展得不顺，加上被合伙人坑害，很快就失业了。文兰听到这个情况之后，赶紧让季逢春来到南京，告诉他：暂时不要把情况跟家里人说，免得他们担心，你把你会的相声节目先恢复恢复，最近正好有几场演出我去不了，你就让你师父带着你去，其他你不要担心，吃住就在家里,先养活好自己再说。

经过半年多的调整,季逢春总算是恢复了元气,回到盐城之后,跟他爱人重新开了一家装饰店,生意到也是红红火火。他本人现在也成了盐城市文化馆的业务骨干。

都说师徒如父子,但如果师徒不相互投入,恐怕这种感情就要打问号了。令人遗憾的是,相声圈现在不是靠作品打动观众,反倒是负面新闻不断,包括师徒反目为仇,这是不是两头都有问题啊?

还是文兰说得好:孩子们拜师只是个形式,我们能做的就是多传递正义、真诚和善良。至于业务上,还要看各人的天分、勤分、缘分和本分。

在文兰的大力关心支持下,徒弟季逢春也开始收徒了,看着现在活泼可爱的四个小徒孙,我想文兰的在天之灵也算得到安慰了。

二十九、佳丽弟子

中国相声界历来就有拜师收徒的传统。过去，拜师讲究三跪九叩、养老送终；现在，则讲究名气大小、本事高低、是否能给自己带来实惠。至于师徒之间到底有几分真情实感，只有师徒俩自己明白了。如果师徒情深，各自守则，也不至于闹腾出让众人所不齿的师徒反目了，这就是所谓的上梁不正下梁歪吧！

由于这几年相声的再度走红，相声界的拜师仪式又有所兴隆，有些年纪轻轻还没怎么着就广收徒弟的人也不在少数，弄得现在一些已经年过半百的老先生看到比自己小几十岁却喊自己"师哥"时颇为尴尬。

我在南京就碰到过这样的尴尬。有几个年轻的相声爱好者，相声没学会几段，江湖上乱七八糟的东西倒是学了不少，当相声名家李金斗先生来参加他们拜师仪式时，一口一个师哥喊得那叫一个欢。更有甚者，本事不大，愣充大辈，走到哪都是我师父可是"文"字辈的。我心想，你就是苍蝇辈的也没用，自己没本事，你拜谁也不成。这种现象不仅让人哭笑不得，也成了相声界的乱象之一。

别人忙拜师，文兰也没闲，在相声老前辈张永熙先生的再三呼吁下，文兰也适时地收了几个女徒弟。要说起文兰收的这几个女徒弟，倒也让人刮目相看、不得不赞。文兰到底有多少学生和弟子，这还真不好说，因为她长期从事的专业是群众文化辅导工作，她的职称也是研究馆员。带着高级职称说相声，这也成为中国相声界一道独特的风景。

三十多年里，夏文兰和我一起义务为部队、学校、厂矿培养了大批学员，这些爱好者，有的成了当地的文艺骨干，有的走进了专业院团，有的则成了她的入室弟子。像盐城艺术剧院的傅俊秀、南京鼓楼区文化馆的吴霞、解放军国际关系学院艺术团的孙玲，江苏华恒昌文化传媒的蔡梦、董栋，《南京日报》农民工艺术团的王德凤，还有从小就跟着学习的叶晓茹、周伟等。

别看这些徒弟都不是专业相声演员，但一个个也是能歌善舞，各具特点，而且一个比一个长得漂亮。她们跟文兰的感情也非同一般。无论是工作还是事业，无论是婚姻还是爱情，文兰都给予了她们最大的关爱，有的时候甚至比她们的父母都操心。每当想到这些，女徒弟们都十分感激，非常怀念她。

文兰的大徒弟叫傅俊秀，不仅人长得漂亮、个头高挑，并且还有一副好嗓子，这一点倒跟文兰很相似。其实文兰认识小傅很简单，缘于她的公公、有苏北"快板大王"之称的王红专。

王红专既是我曾经的搭档，也是快板名家张志宽先生的徒弟。志宽先生我尊称他为干爹，所以跟王红专自然就是亲上加亲的关系了。

说起这个王红专，那也是一堆的故事。

他自幼喜欢文艺，说学逗唱无一不会，琴棋书画无一不能。在20世纪60年代就是盐城舞台上的"大明星""常青树"。大概是为了证明自己还有其他能耐，王红专在舞台上最闪光的时候，鬼使神差地先后去几家企业当了厂长，结果几家企业全"倒闭"了，他也算是"败走麦城"，只好重新回到了舞台。

当时的王红专有个不足，那就是虽然快板说得挺好，但是不会打板。企业"倒闭"后,他正好闲着没事干,就来找我想要重出江湖。我于是鼓励他,要想站稳盐城的曲艺脚跟,你必须自己打板自己唱,加上你能编会写,一定能够蝎子拉屎——独一份!他当时的想法是:能拜在张志宽老师学生的门下也就知足了。

文兰毫不客气地跟他说:要拜就拜一流的。在文兰和我的大力推荐和撮合下,王红专终于有幸拜在了张志宽门下。

张志宽先生桃李满天下、弟子遍神州,一个个技艺娴熟,语言流畅,特色鲜明,表演精彩。在众多的弟子当中,唯一不用普通话说快板的就是王红专,师兄弟们都笑称他是师父收的"法国徒弟"。曲艺界跟武术界有个非常相同的地方,那就是你要没真本事,别人还真瞧不起你。

2005年在天津举办的"张志宽先生从艺五十周年"庆祝会上,有人提议给张先生即兴编一段快板,把现场嘉宾和气氛再渲染一下,用行话说这叫"抻练人"。许多弟子都想当众表现一下,但张志宽先生却硬是点名让王红专这位"法国徒弟"完成此项重任。

王红专二话没说,稍做准备就"粉墨登场"了。他一张嘴,全场人就愣住了,怎么来了个"韩国人"?

尽管很多人听得不是很明白,但都被他的精气神和表演吸引住了,特别是能在很短的时间里,把张志宽先生的许多代表作一气呵成地说出来,没有灵活的创作能力、扎实的基本功和对师父真挚的情感,那肯定是表达不出来的。也正是由于这次亮相,王红专不仅让师兄弟们刮目相看,也让很多北方的同行和专家知道了在苏北盐城也有一种地道的曲艺品种——方言快板。

非常有趣的是,文兰在工艺绣花厂工作的时候,王红专还担任过她的厂长,所以关于王红专的幽默故事和传说倒也听了不少。如果稍加搜集和整理,出一本书也绝不成问题。

据说当年他到江西景德镇买陶瓷,营业员由于工作太忙没来得及理他,于是他用一口浓重的盐都大冈腔大骂营业员。本以为人家听不懂,没承想人家跑过来说了一句话:我是盐城建湖的!吓得王红专扭头就跑,连碗也不要了。

当年他做胶鞋厂的推销员,走到哪儿都要拿着胶鞋站在马路边上吆喝,说自己厂里生产的胶鞋质量怎么怎么好。没想到一使劲,鞋底断裂了。顾客刚要指责他,王红专面不改色心不跳地说:大家看好了,像我手里这样的鞋,你们是绝对不要买。正是由于天生的幽默、机智和乐观的性格,才有了今天的王红专。

文兰曾经特意写了一篇评论王红专方言快板的文章,发表在《曲艺》杂志上。她在文中写道:"在各具地方特色和风格的中国曲艺界,盐城的方言快板并不是十分起眼,甚至有点摆不上桌面,它和山东快书、陕西快板、大同数来宝以及其他一些带有韵辙的方言

相声大师张永熙(持话筒者)祝贺夏文兰、倪明收徒

形式来说,名声也不是很响。但最近二十多年来,它的确因为王红专的名字而受到盐阜老百姓的喜爱和赞赏,受到曲艺界众多人士的关注和支持。由于王红专长期生活在基层,他十分注意细节方面的观察和积累,加上他个人丰富的人生阅历,所以他创作、表演出来的段子就显得格外生动和鲜活。任何一种艺术样式的存在,都是以其特有的艺术魅力和特有的审美价值得到受众的认同与喜爱而流传、发展,才具有生命力而得以繁衍、再生。"

据文兰考证,盐城快板形成已有百年历史,历经三个鼎盛期。

一个是新四军在盐城成立抗日革命根据地的抗战时期,盐城方言快板成为革命文艺的一部分,在盐阜各地发展起来。那时人们拿起笔写快板,登上台演快板,盐城方言快板成为一种战斗武器,形成了独特的盐城地方艺术,受到新四军和群众的广泛关心与喜爱。

第二个鼎盛期是在盐城解放后至 20 世纪 60 年代。以柏长庆、花魁珍为代表的一批农民艺术家,善于编唱一些顺口溜,用方言土语,借物比兴,创作了不少朗朗上口的快板段子,如《抗美援朝》《一定要解放台湾》《土地还家》等。他们的快板不仅在盐城广泛流传,省广播电台还录音播放。因为说盐城快板,柏长庆曾获得"三等功臣"的称号,花魁珍还应邀出席过全国青年业余创作积极分子大会,受到周恩来总理的接见。

王红专以他特有的艺术风格、多彩的快板作品而独树一帜,成为盐城快板的代表人物,推动了盐城方言快板第三个鼎盛期的形成。

如果说盐城快板第一个鼎盛期是战斗的艺术,第二个鼎盛期是农民为代表的乡村艺术,而盐城快板第三个鼎盛期则是改革开放后城市文化的发展将原本乡土的"草根"艺术带进了城市,登上了大雅之堂,成为盐城文化艺术大餐中的一道大菜,频频在全国、省市的各类活动中亮相,在各种赛事中获奖,在江苏曲艺界能继苏州评弹、扬州评话、徐州琴书、北方相声的一系列大曲种之后占有一席之地,这确实非常不容易,难能可贵,这也可以说是值得江苏曲艺界研究和探讨的一种"盐城文化现象"。

为此,文兰曾经专门研究过王红专的快板表演和创作,她认为有至少三大特色,那就是真、趣、味。

真,是说王红专的快板离不开真实的生活,离不开真实的环境,离不开真实的人物,更离不开他自己在舞台上全身心的真情叙述和演绎。然而"真",却是现在很多演员慢慢丧失掉的。

趣,是说王红专的快板娴熟地掌握了曲艺的最大特点——幽默风趣,开心逗乐,听他的快板始终能让你不觉得乏味,永远充满了智趣。

味,是说王红专的快板里不是为说而说、为笑而笑,而是充满了品位和格调。鲁迅先生曾经说过,品位和格调是任何文艺作品都必须要注意的。王红专的一段《蛋瘪子》曾经让北方很多创作大家无从下手,他们一致认为,如果这个快板作品哪怕改动一个字的话,那意境和意味就全没了。从审美的角度来说,王红专的快板还具有信息广泛、包容广博的特点,具有与时俱进的通灵美。

由此,文兰感悟说:不难发现王红专所写的作品内容包罗万象,题材涉及众多领域,用地道的方言俗语说唱动人的故事,注重时效,突出热点,而且很现代、很时尚。

为什么一个十分乡土的艺术,在流行音乐横行天下、小品相声独占鳌头的今天,无论是在舞台上还是在生活中,只要王红专去表演,立马就受欢迎,就会笑声不断、掌声不断?究其原因也许正如白居易所言:"文章合为时而著,歌诗合为事而作。"王红专的快板"为时""为事"而作、而演,自然就受到欢迎。他写党写祖国、写防疫写抗洪、写抗日英雄和红脸关公、写油写电、写计生、写财税、写军营、写金融、写盐阜儿女、写三峡移民、写老有所为、写女性美容……他与时俱进,他追赶潮流,将人们对生活的爱、对时代的情,通过他的艺术处理,即审美评判,将大众的思想爱憎和感情倾向,真实而真诚地、及时而准确地,全方位、多视角地去叙事、写人、绘景、状物,再加之他善于现场"现挂",把观众身边正在发生或即将发生的事儿、理儿面对观众说个自在,唱个痛快,使观众听得"到嘴、到肚、到心"。所以他的新作品问世后,在舞台上一亮相,总会火爆,总会让观众感动,总会在观众中寻到知音。

所以,我戏称王红专的快板是"地产小灵通",即:小——一人一板,灵——随机应变,通——观众通吃。他带给观众的是一种"海纳百川""与时俱进"的审美愉悦,妙趣横生、令人警醒,具有"寓庄于谐"的谐谑美。这不正是我们相声创作当中也应该具备的吗?

文兰觉得盐城快板的审美功能主要是逗人发笑,启人心智。王红专在创作实践中,努力汲取前辈成功的养分,来丰厚自己,追求"寓庄于谐"的美学境界,塑造富于戏剧性的典型形象,编制滑稽幽默的故事情节,运用诙谐俏皮的地方语言,构成王红专盐城快板的主要审美创造手段。王红专的快板作品仍然保持盐城快板的逗人发笑的审美特色。综观其作品,他在刻意追求通过逗人发笑来揭示某种哲理、宣示某种事理,或者营造某种轻松的笑乐氛围,给人以纯然的精神愉悦。在笑中听完他的快板,你就觉得笑是健康的,笑是高尚的,笑后总能给你的心头留下思考、留下启迪。有时还形成

"感时花溅泪,恨别鸟惊心"那种出乎意料的艺术效果。

王红专的盐城方言快板具有韵辙灵巧、节奏明快、定中有变的韵律美。

"合辙押韵"是快板艺术的基本创作手法之一,指的是一段快板词中每个或每对句子尾字的韵母相同或相近,其韵辙规律一般为"首句定韵、一韵到底、上不论、下不辙、上仄下平";二是快板唱词的基本句式为七言单尾,即"二、二、三"或"四、三"词格的上下句体。传统的盐城方言基本遵循这些规律,如老艺人柏长庆的作品中可以看到这些。

而王红专的盐城快板作品中却有许多突破,有些还有所创造。王红专的作品表演一是十分注重"语趣"的,用活韵辙追求激情;二是十分注重"激变",大胆改变句式,追求节奏起伏。如富有盐城特点的"一字韵"的运用在他的创作表演中处理得十分灵活,十分逗趣。

比如在《王奶奶送裤子》中,他巧妙地运用"子"韵,一韵到底。如作品中描写抗洪干部"眼睛肿得像个烂桃子／脸上冻得像个紫茄子／浑身像个泥猴子／个个都说他是我们村的台柱子",生动形象,且趣味幽默。

在《快的来》中,他在一个段子里将"快""的""来"分别用"一字韵"组成三个段落,听来十分新鲜而且富有创新。他的作品中韵辙运用充满灵巧,朗朗上口,似有信手拈来、一吐为快之感。他在句式上"二、二、三""四、三""三、三、四""三、四、三"的交叉运用,特别是他擅长长短句杂言韵文"似说似唱"的"韵诵"表演,使他的快板富有动感,富有语趣。他有时类似"贯口"的长句,加之表演一气呵成,产生"激变",很为造势,往往一句唱下来就能哄起一堂喝彩。

他还借鉴盐城地方戏淮剧中叠韵、垛句，并巧妙运用在他的快板中，使快板节奏产生多种变化，使观众在审美过程中享受一种定中有变、跌宕起伏的快感。

这又让我想起了著名相声作家梁左，正是由于他在相声创作上出新和变革，使我的恩师姜昆先生能再次为观众带来一批非常精彩的相声段子。可以毫不夸张地说，梁左先生的去世，对中国相声界来说，是个巨大的损失。如果王红专能在出新创新的路子上一直坚持走下去，盐城的方言快板一定会在更高更广的层面上得以彰显和发光。

正是由于文兰的不断鼓励和不遗余力的宣传推广，王红专的方言快板在盐阜地区越来越受欢迎。

说了这么多，无非是想告诉读者，一个曲种的诞生和发展，跟一个人成名成蔓一样，不经过长时期的打磨提升，是不可能出现的。

也就在那个时候，王红专发现了在淮剧之乡建湖唱淮剧的傅俊秀，经他的引荐，小傅拜在了夏文兰的门下，经过文兰的奔波游说和一番周折，顺利地把傅俊秀从建湖淮剧团调到了盐城市歌舞剧院，并且和王健一起表演男女相声。尽管当时有点不如人意，但毕竟在说相声。没过多久，傅俊秀成了王红专的儿媳妇，于是，文兰开玩笑说：王老师为了得到这个儿媳妇，真是"绞尽脑汁、煞费苦心、机关算尽、心怀鬼胎"啊！每当说起这件事情，知情人都哈哈大笑！

在文兰的引领下，傅俊秀的业务进步很快，加上过去的戏曲功底，她先后学会了《舞台趣闻》《百花盛开》《永远是朋友》等十几段相声，还在她公公的帮助下，学会了表演快板，曾连续三年在全国"李润杰杯"快板大赛中获得过金奖、银奖。在"南开杯"相声大赛中获得过优秀演员奖。还应邀参加过国家工商总局举办的春节联欢晚会。盐城的各种大小晚会，都会有她的相声和快板表演，她也很快得到了老百姓的喜爱。就在她的演艺生涯突飞猛进的时候，各类文艺团体进行了大幅度的改革，她也未能幸免。

现在看来，这种改革有待商榷，但很多艺术人才也就在这次改革当中大量流失了，更可怕的是有些从业人员拼命地想弃艺从政。江湖人有话：艺人从政，早晚缺肾。看到一些同行扔掉自己的擅长，拿出吃奶的力气也没做好管理工作，笔者真替他们悲哀。

相声界一直提倡"拜明师"。这个"明师"不是有名的名，而是明白的明。

文兰就是一位十分明白的师父，她一直告诫和提醒自己的女徒弟们，演艺圈是个名利场，很多女孩子经不起诱惑，给自己带来了许多不必要的伤害，我们只要说好相声、简单生活就行。弄清楚什么东西对自己最重要，然后用有限的时间和精力，专注地去追求，即便不能功成名就，我们也能从中获得最大的幸福。这是一种品质和境界。尤其是女人，一定要坚守自己内心深处最准确、最干净的东西，这样才能获得最大的精神自由和享受。正是文兰这些独到的人生理念和指点，让这些女弟子都能远离浮华的生活，踏踏实实地赢得普通老百姓的掌声和鲜花！

除了蔡梦、吴霞，傅俊秀应该是最大的受益者。虽说现在从舞台上转战到了艺术剧院办公室，但她一直坚持说相声、唱快板，不断推出新节目。在纪念文兰逝世一周年、二周年的晚会上，她模仿文兰表演的《永远是朋友》，从语气、语调、口风、节奏，包袱、嗓音等都跟文兰很相似，这又让我内心一阵又一阵的唏嘘不已。

几次都到场的著名相声表演艺术家，也是被傅俊秀称为大爷的刘惠满心欢喜，他为文兰有这么一位出色的接班人感到高兴和自豪。刘惠感慨道：都说"师父领进门，修行在个人"，如果徒弟们都能像文兰一样，坚持给大家好好说相声，说好相声，坚持给百姓送欢乐，那就是对我师妹文兰最好的回报和安慰！他还即兴创作了一首打油诗：

女徒傅俊秀，
一副好歌喉，
继承文兰志，
永远是朋友。
小傅，加油！

三十、从艺标准

说起来也真奇怪，尽管相声舞台上已出现了一大批女演员，但女笑星的头衔却最终落在了演小品的女演员头上。

一提起女笑星，人们脑海里只有蔡明、杨蕾、宋丹丹，而同样给大家带来欢笑的女相声演员留给人们的印象却不深。尽管现在还有单联丽、贾玲、宋宁等女相声演员上过春晚，但也一直饱受非议，弄得女演员自己也底气不足。原因很简单，行内人不看好。既然连行内人都不看好，媒体自然就关注得少了。媒体关注得少，演员的知名度自然就小了。可知名度小，并不等于不存在。

据文兰不完全统计，全国的男女搭档的相声演员加起来至少有一百对。这个数字，对于其他艺术职业来说也许算不了什么，但是对于已经青黄不接的相声队伍来说，已经非常惊人了。

别的不说，光冯巩操办的中央戏剧学院相声大专班几年下来就培养了二十多个女相声演员，中国北方曲艺学校学相声的女生那就更多了。特别是部队里，男女相声是最受欢迎的艺术形式之一，几乎每个战士演出队里都有男女相声。可为什么有些人一提起女人说相声，就觉得有些别扭？大家为什么会对女人说相声产生异样的感觉呢？主要是因为过去的相声表演中，多是师父带徒弟，口授心传，因此出现女相声演员男性化的特征，失去了女人的本色。再加上没有专门为女演员创作的本子，所以让人看着觉得别扭。那么通过正规的学校教育，女相声演员应该以一种怎样的姿态出现在舞台

147

上呢？文兰觉得最起码既要年轻漂亮、时尚幽默，又要有深厚的文化修养和时代气质。那么，女演员到底能不能说相声呢？文兰的答案是肯定的。

不妨先来看一下历史。

据史料记载，历史上有不少女相声演员。比如，来小如，20世纪30年代后期与其弟来少如在京津"撂地"，常演文字哏、贯口哏、小孩哏，如《俏皮话》《报菜名》等。于佑福、刘玉凤，这两位前辈可算是比较成功的。不靠帮衬和施舍，凭自己的实力在相声大会里拿到"整份儿"。还有赵雅琴、耿雅林、富丽华、吉文贞（艺名荷花女，吉平三之女）、回婉华、潘侠男、张文侠、魏文华、高秀琴（师胜杰之母）、韩淑英、姜伯华、富兰英（金炳昶之妻）、金珠（巩汉林之妻）。

从仅有的这些史料中我们不难看出，这些女相声演员大都出于"相声世家"，或其父、其兄从事相声艺术，从小"耳濡目染"熏出来的。"有心栽花花不开，无心插柳柳成荫"。可能并非家人刻意地去培养，应该有一部分属于"玩票"的性质。但不管怎么说，历史上还是有不少女相声演员的。我们发现一个现象，现在有不少年轻女相声演员成了各大卫视包括央视的主角。说句老词：既然存在，就有它的合理性。

在这一点上，文兰一直坚持自己的艺术追求和审美标准。她觉得，年轻漂亮的女演员一登场，就会给观众们带来强烈的视觉冲击，丰富了舞台色彩。然而，仅仅靠外型抢眼是远远不够的。女演员还应针对女性特征，创作合适题材的作品，刻化出鲜明的人物性格。

纵观文兰三十年所走过的从艺历程，这一点尤为关键。不管是早期创作、表演的《五彩缤纷》《女性豪歌》，还是后期的《悄悄话》

《怎么了》，以及前些年的《永远是朋友》《男女有别》《宝贝日记》等作品，完全从女性特点出发，通过特定的情节设计来抖"包袱"，而不是用男性化的动作语言来娱乐观众。也只有这样，女相声演员的表演才会得到观众的认可。

2013 年 12 月 21 日，中国曲艺家志愿者服务团走进武进及姜昆朝鲜画展上，夏文兰与恩师姜昆在一起

其次，女演员的出现，恰好满足了现代观众的欣赏需求和审美习惯。我们之所以能够在男女相声上独树一帜，并形成自己的艺术风格，这充分得益于我们不断的艺术实践。我们认为，表演男女相声最主要的一条成功经验，就是不管表演什么样的作品，都应该始终保持女性的形象美，这也成为男女相声成功与否的一个关键。文兰表演时活泼而不泼辣，文雅而不沉闷，诙谐而不滑稽，机智而不狡猾。当然，文兰的成功还得益于我的反衬，我们以反差极大的性格相互碰撞，不仅撞出了喜剧冲突，而且撞出了包袱，撞出了笑声。我们以相声特有的艺术手法，放歌改革开放主旋律，弘扬爱国爱民的正确思想，鞭挞落后思想行为，讽刺不正之风，给人以警示、启迪和愉悦。

由于相对立的表演特质的统一，这就形成了我们夫妻相声活泼文雅、机智诙谐的表演风格，这种风格又自然地影响到了创作。

在我们的创作历程中,时间越靠后的作品,这种影响就越明显。尤其是前些年,我们大胆吸取其他姊妹艺术的特长,通过角色和捧逗位置的互换来塑造人物,同样受到了观众的欢迎。

我们的男女相声因其独特的艺术风格和魅力在相声舞台上有了一定的影响,并在江浙地区拥有一定的市场和观众群。相声作为一个源自北方的曲艺形式,能够在南方的江苏扎根并形成地域特色,这本身就是不易之事,这就更需要我们去珍惜和呵护。当然,我们也看到男女相声的关键问题所在,就是相声剧本的短缺,尽管我们也搞相声创作,但无疑于杯水车薪。

因此,文兰一直认为:加强相声创作力量,是一个不可忽视的问题。同时我们也清楚,没有精品,男女相声也就无从进一步发展。希望我们的男女相声能创出更好的品牌,扩大影响,从而把这一特色文化推向更高层次,为广大观众带来更多的欢乐。众多女相声演员的成功登台亮相,足以告诉大家:幽默不是男人的专利。将来肯定有一天,相声舞台上会出现一批女"马季"、女"姜昆"、女"冯巩"……谁说女子不如男呢?

文兰虽然永远离开了相声舞台,但她甜美的笑容、优雅的台风、干净的语言、醉人的歌喉,一定会永远留在观众的心里!

三十一、群文打假

很多人误以为文兰是专业的相声演员,其实不然。她除了把自己的一生献给了我所钟爱的相声,还为群众文化的建设发展不停地忙碌。曾几何时,社会上假货泛滥,害人不浅。有人开玩笑说,这年头除了妈妈是真的,其他全是假的。

这话听着有点别扭,但仔细一琢磨还真是这么回事。假模假式、假话连篇不说,什么假烟假酒假农药,假币假画假首饰,随处可见。这种"假货"当道的现象已经大量地渗透到了文化娱乐界,涉及的层面也是五花八门,有假唱、假演、假演奏,假年龄、假学历,假脸蛋、假身材、假镜头、假新闻……尤其是 20 世纪 80 年代后期出现的假唱现象,一直为人们所厌恶,就连备受关注的央视春节晚会也曾是假唱不断。

文兰当年坦言:关于假唱问题的讨论也一直是媒体报道的一大热点。然而,近年来假唱现象仍有愈演愈烈之势。尽管有少数歌手大声疾呼,并发起"真唱运动",但更多的歌手已非常麻木,乐此不疲。有人甚至声称,百分之九十九的歌手在某种程度上都有过假唱。

相关调查数据显示,假唱主要存在于电视台的电视文艺直播、录播节目、各级政府或政府部门等举办的庆典演出活动以及在体育场(馆)举办的大型组台演出。其中,电视文艺直播、录播节目和政府举办的庆典演出活动,是假唱的多发区。记得媒体报道说,2009 年央视春晚要求真唱,但个别演员因唱歌跑调而被取消了演出。尽管行内人见怪不怪,但这种现象还是值得大家深思的。

曾经有个朋友透露说:某单位举办我国与某国的联合庆典演出,为使现场演唱水平不至于差距太大,我国演员全部用了还声技术(假唱),而外方演员则全部是真唱。幸亏外方不了解情况,否则将造成极坏的国际影响。

最让文兰不能容忍的是,假唱、假演之风在群文舞台上也产生了滋养它的"土壤"。光 2009 年一年,在文兰参与的几台群文演出中,至少有一半以上的节目都是"对口型"的,看着演员机械的表情,满嘴里放着炮,文兰是真替那些所谓的编导脸红。

她发表文章表示:我们不管搞什么节目,一定要从节目的创意、策划、创作上面下功夫,而不是借口调动新技术、新元素,找来几个动画片的"替身"来糊弄台下的领导和观众。真不知道这样的节目还有什么艺术可言,更别说催人"尿"下、感人肺腑了。对此,她坚决反对被行内人称之为"臭遍了街"的音乐说唱。她觉得,所谓的

倪明、夏文兰在基层演出

音乐说唱，除了成为个别人发财的手段，对艺术本身来说，没有任何好处。

众所周知，曲艺的特点就是现场发挥，即兴演唱，看的是演员的精、气、神，听的曲艺的趣、韵、味。这对演员来说其实要求很高，没有扎实的基本功几乎不可能登台。所以说曲艺和京剧一样，都是"角儿"的艺术。但是现在的人很聪明，录音是一批人，演出又是一批人，这样两方面一结合，一个假说假演的形式就形成了。结果是台上的演员不用卖力气，甚至连台词都不用背，哪还谈得上什么下功夫、展示语言的魅力呢？难怪历届在北方举行的全国快板大赛上，通知里明确规定，拒绝音乐快板。还有更绝的，现在有些演出当中，就连小品都用上"对口型"了，也真难为那些编导和演员怎么想得出来的。真不敢想象，哪天领导人讲话发言时也能对上口型，那可真是人间奇迹了。当然，不可否认，艺术的生命在于创新和发展，但如果舞台上的表演都变成了一帮仿造的"机器人"，试问，这还是艺术吗？

其实，说到底，假唱也好，假演也罢，这都是对人的诚信、对艺术诚信的一种挑战。文化部早就针对这些现象制定出了一些严格的规定，作为从事群众文化工作的编导，我们理应带头杜绝这些现象的发生，积极为普通老百姓创作出喜闻乐见的节目，而不是反其道而行之，失信于老百姓。

对此，文兰一直呼吁：群文舞台也该打假。

三十二、感动苍天

中国人经常爱念叨一句话——"人在做,天在看",还有句名言叫"善有善报"。不要不相信这些话,有时候无形之中就能得到回报。

每到逢年过节,文兰和我都是最忙的时候。我们虽说不是专业演员,但一年到头基本上不闲着。每当有什么慰问或者公益活动,我们肯定是冲在第一线。所以,很多媒体的朋友笑称我们是"慰问专业户"。不管是过去在盐城工作,还是后来在南京,我们的节目一直是很多政府部门和基层单位经常点名要去的。原因很简单:我们乐意!

要知道,参加这些公益演出,既没有任何报酬,还要费时费力。我们自己乐意,别人又有需要,所以我们一年最多的时候能有一百八十多场演出,不管是文化的、宣传的、工会的、妇联的、文联的,还是公安的、交通的、工商的,反正是来者不拒。这么高强度的演出,这是很多专业演员都很难达到的。所以,我对某些网友对我们男女相声的一些质疑根本没当回事。本来嘛,相声或其他任何艺术形式本就不是为所谓的几个懂行的人预备的,更何况,有些所谓的内行根本就是拿相声肇事,爱听不听吧,走自己的路,让别人找车去吧。

在长期的演出中,我们除了感受到观众的掌声、鲜花,还得到了别人难以想象的温暖。

20 世纪 90 年代的一个冬天,我们慰问来到了位于盐城与兴化交界处的一个渔村里。当时寒风凛冽,人站在台上冻得直哆嗦,手里拿的话筒都要往下滑，但是，我们依然坚持着给很难得看到节目的农民们演出。那天文兰刚下台，来了一对小夫妻，女的是贵州人，跟着打工的丈夫嫁到了本地，但由于语言不通，她除了听有线广播，跟外面几乎是隔绝的，也没法交流，她最大的乐趣，就是每天早上和晚上，准时收听当地广播站《笑口常开》栏目，听得最多的就是文兰和我的相声段子。她也曾经慕名给文兰写过信，但不知何故，文兰从来没收到过。当她听说文兰带队来渔村慰问时，立刻杀了两条鱼，熬成鱼汤，顶着寒风，用孩子的包裹捂着送到了现场，打开包裹时，鱼汤还是热腾腾的。眼前的场景让文兰感动无比。

她当时跟我说："那还是个喂奶的妈妈。"

我说："你怎么知道？"

她说："包裹上还有奶香呢！"

2004 年的冬天，我们又一次随江苏省政府慰问团来到一代伟人周恩来总理的故乡——淮安。连续五天的演出，其中三场是在非常寒冷的风雨中进行的。对于这一点，文兰一直在各种场合呼吁，文化下乡是好事，可你干吗非得放到大冬天啊，那么冷的天，大人孩子都在广场那儿蜷缩成一团地看节目，再好的精神食粮也变味了。再说了，一年四季那么长时间，干吗非挤到年底啊。所以，只要是文兰组织策划的慰问活动，一般都会选在春暖花开或者天气比较舒适的时候。一句话，别让老百姓遭罪。

文兰安慰我说：既然来了，我们就要想办法，让大家多开心，多鼓掌，这样观众也许能忘记一些寒冷。

那天是在淮安的涟水，刚开始的时候天气还算说得过去。可才演了四个节目，天空中就飘起了小雨，等到我和夏文兰要上场的时候，雨是越来越大，看到在寒冷的风雨中还在坚持看我们演出的父

倪明、夏文兰主持中国首届农民艺术节

老乡亲们，心里真是百感交集。我只好征求大家的意见，说能不能下次再给他们表演，没想到，台下噔噔噔上来好几个老乡，一人给我们撑起了一把雨伞，这时候，台下也是一片雨伞，就听见台下齐声高喊："来一段！来一段！"就这样，我和夏文兰在雨伞下给大家说了一段相声，给文兰打伞的还是一位年过半百的老太太。后来这张照片被刊登在《中国文化报》头版，题目就叫《雨中情》。

观众回报文兰，文兰也时刻想着观众。2010年的夏天，是个梅雨季节，我们接到了要赴国家重点工程项目——南通洋口港建设工地慰问的任务。从南京出发的时候，雨就一直下个不停，等到了工地，还是没完没了地下，眼看着就要开演了，工地领导只好让工人们穿上雨披，准备在雨中观看。同时也让工作人员为担任主持的文兰准备好了雨伞。就在上台的一刹那，文兰谢绝了工作人员的好意，毅然拿着话筒站到了雨中。

她大声说道：亲爱的工人老大哥们，你们好！你们辛苦了！我知道,你们已经在这连续奋战了好几个月,可以说是吃苦受累、劳苦功高。你们抛妻舍子、离家舍院,你们是为了你们自己吗? 不是,你们是在为祖国出力、为子孙造福! 曾经有位伟人说过,人定胜天! 我相信,我们今天也能用壮举来感天动地一回。来,大家跟着我一起喊:老天爷,别下了!

顿时,台下几千名工人振臂高呼:老天爷,别下了! 老天爷,别下了!

就这么喊了没到一分钟,雨居然停了。

演出顺利进行,就在最后一个舞蹈节目的音乐刚刚响起时,大雨顿时倾盆而下,所有的舞蹈演员就好像泡在游泳池子里一样。文兰也在那一次的演出后病倒了。

无独有偶,2013 年的春天, 中国首届农民艺术节在美丽的苏州沧浪区文化广场举行开幕式。同样的下雨天,同样的文兰主持。雨虽然下得不大,但主办方一直在犹豫要不要按时进行。在征得主办方同意之后,文兰照样拿着话筒站到了台上,天空依然飘着蒙蒙细雨。

文兰说道:亲爱的农民兄弟们,你们好! 咱们大家都知道中国有句古话叫民以食为天,人以孝为先。

中国农民用勤劳的双手、辛勤的汗水,打下粮食,养育了千家万户。

中国农民用善良的智慧、朴实的行动,培养了子孙,传承着孝道。

今天我们在这里为农民放歌、为农民欢跳,老天爷也应该为我们鼓掌叫好! 前几年的夏天,我在南通洋口港建设工地上也遇到过类似的情况, 当时的工人老大哥跟我一起和老天爷互动了一下,结果,雨就停了。今天,我们也要用真诚和善良再次打动老天爷,还我们一个万里无云、皓月当空。大家来跟着我一起喊:老天爷,别下了!

现场几千位农民兄弟齐声高喊:老天爷,别下了! 老天爷,别下了!

情景再现,没到三十秒,雨真的停了。

是文兰的本事大吗? 不是

是文兰的能耐强吗? 不是

这是人间大爱,是真诚和善良的回报。

三十三、让利贾玲

说实话,2003 年的年底,我们作为唯一一个被春晚剧组邀请的男女相声组合参加了 2004 年春晚节目的三次审查。当时很多媒体都称我们是春晚相声的一匹黑马。其实,我们内心很清楚,要想挺到最后,真的很难很难。假如成功,可能就没有后来的贾裕玲,也就是上了春晚的贾玲了。因为,很多圈内人都知道,她是说着文兰的作品"长大"的……

2000 年的时候,相声名家冯巩在中央戏剧学院开办了一个相声大专班,有很多没能考上戏剧专业的考生转行"投靠",上了相声大专班。其中,还有不少女孩子。有一天中午,北京军区战友文工团的李立山先生给我打来一个电话,说是班里有不少女孩子想说相声,苦于没有范本,听说你们搞了一个男女相声专场,还出了一本专辑,能否让她们参考参考、学习学习。但你们放心,这些节目只做内部交流,绝不外传,更不会商演或上电视。

既然李先生发话了,我们还不得不考虑。

因为李立山先生是我们非常尊重的一位长辈,不仅在业务上给予我们很多指点,还曾经介绍我们加盟内蒙古军区文工团,文兰私底下尊称他为"老爹"。

李立山先生刚跟我通完电话,我师父的弟弟、小叔姜威先生也给我打来了电话,说是师父吩咐让我们支持一下大专班,反正也都是家里人,谁求不着谁啊?

我们按照师父的指令,把所有的光盘、专辑和书,寄给了李立山先生。正当贾玲她们在苦练相声的时候,我们接到春晚剧组的邀请。

作为春晚的节目,没有直播以前谁也不敢拍着胸脯说十拿九稳。因为变数太大,除了自身本事要过硬、作品要精彩,还有名气大小、人脉关系、后台背景、导演交情、经济基础、运作方式等等,临近大年三十被剧组拿下的故事数不胜数。老相声艺术家杨少华就有过多次这样的经历,害得杨少华后来听到春晚这个名字都直蹦。

作为相声名家冯巩的女弟子,湖北姑娘贾玲,最终带着新作《大话捧逗》冲进了春晚,吸引了亿万观众的注意力,让很多普通老百姓记住了她的名字,也让男女相声这个被很多同行一直争议不休的表演形式,得到了社会的认可。而春晚收获的不仅是演员的知名度的扩大,更是演员确立地位的一个重要标志。有了这个标志,"走穴"挣钱肯定是方便多了。

尽管如此,夏文兰一直觉得自己的表演很不适合春晚,特别是到了那个演播厅,是个人就得扯着嗓子喊,女演员的表演也要夸张变形,春晚的舞台真不是一般人所能登上的。当然,作品和演员知名度也很重要,新人出场再怎么折腾都不如熟脸,这是没有办法的事。对于贾玲的表现,文兰觉得她非常不容易,刚开始学艺的时候,通过她师父冯巩的引荐,学习了文兰创作、表演的《怎么了》《悄悄话》《瞧这一对》等作品。刚开始,也属于初学乍练,在表演上还很稚嫩,但毕竟是中央戏剧学院的学生,经过师父冯巩等人的不断"夹磨",她凭着《怎么了》获得了北京电视台全国相声、小品邀请赛的一等奖。尽管贾玲和搭档王彤一直对我们心存感激,但不知道怎么回事,《怎么了》获奖的时候,不仅没有了作者文兰的名字,还换成了另外一个人。包括山东有一对夫妻,"篡改"了我们好几段作品,全都"窃为己有"，连声招呼都没打。知道内情的人很替文兰抱不平，建议我们打官司。文兰总是淡淡地一笑地说：都是说相声的女人，本身就挺难的，再说了，女人何苦为难女人呢？

倪明、夏文兰与著名导演姜文合影

文兰坦言：能在春晚上看到男女相声，不管是谁上，她都特别高兴，毕竟这是男女相声暌违春晚以后的再次亮相。曾经上过春晚的还有相声大师侯耀文的女徒弟单联丽、王荃两口子。究其原因，主要是男女演员如何搭配得有趣而有品位，实在太难。关于这一点，我们感触很深，关键是合适的段子难找，女演员在舞台上或说或唱，或逗或噱，举手投足活泼而不能泼辣。女演员张牙舞爪的不美，凡事最好有理不在声高，要以理取胜。

实际上，贾玲自己一直在相声周围徘徊、彷徨，包括她后来放弃相声改演小品，都是一个无奈之举。有人说女人说相声像傻大姐，她也感觉就像走错了澡堂子，可还是凭自己的犟劲，把相声做到了今天。

有一回在安徽马鞍山保利大剧院跟贾玲同台，她那时候已经小有名气了，但看到文兰在台上表演，她还是很认真地在侧台观看了半天，结束之后，她很谦虚地对文兰说：姐，我已经不敢也不会这么表演相声了。现在的舞台，特别是电视综艺节目，也不允许你这么四平八稳地表演，好像有谁拿着鞭子在后面抽你一样，加上演员心里很浮躁，一没"包袱"就容易着急。其实这就需要演员有更扎实的功底和修养。难怪大家一致公认，您这样的表演更具女人味。

对于女演员能否说相声，文兰的观点与众不同，那就是：放平心态，以笑服人。相声也罢，小品也罢，如果没有好作品，观众绝对不会买账。当然平台也很重要，在北京发展的演员自然要比外地演员更有优势。

影视演员王志文有话：要想成名，是条狗都得养在北京！

三十四、培养观众

每到岁末年初，文兰和我都是最忙的时候，除了自己要参加演出，还要到许多单位组织辅导。也奇了怪了，平常一些单位根本没有文化需求，一旦到了年底，很多有钱没处花的单位都以各种各样的理由，举办着各式各样的总结表彰大会，更有甚者花着大把大把的钱，请来走到哪儿都是那么几首歌的歌星，包括一些一辈子重复表演一两个节目的相声、小品演员。没办法，拿人钱财，给人逗乐，这就是所谓的市场规律。

可最近两年，不知是那些企业家睡醒了，还是艺术界的那点玩意儿都让人琢磨透了，形势好像有了点儿变化，企业界干脆自己玩了。不就是个鼓动、煽动加互动吗？谁不会啊！就连我们的朋友、著名网友半农这样说话不利索、满嘴英国唐山话的伪编辑都摇身一变成了总导演了，你说专业的还能好得了吗？

这不，那几天我一直帮着光大银行辅导节目，由于各家保密工作做得挺好，彼此要演什么节目都不知道，这一点连春晚导演都应该好好学学。直到正式演出到后台时才狠狠地吓了我一跳，化妆的、包头的、扎靠的、管服装的都是江苏省京剧院的。再仔细一看，后台足有两个包公、四个穆桂英、六个唐伯虎、八个猪八戒、二十几个小丫鬟，知道的这是企业搞会演，不知道的还以为是京剧界大比武呢！

问题恰恰就出在这儿。据说，就在排练的近一个月里，很多年轻的职员喜欢上了京剧，而且每天坚持收看央视 11 套的节目，有的已报名加入了京剧联谊社，有的还四处托人要拜优秀的京剧演员为师。要知道，这帮年轻人当中，可有不少是超女超男和杰伦迷。当我问他们怎么突然想起喜欢京剧时，他们的回答也很简单，以前根本不知道京剧这么优美、这么动听，还有这么多的讲究。京剧院的几位老师更是跟我开玩笑说："倪导，你干脆帮我们在光大银行成立个京剧分团得了，你能用这种一窝蜂的办法让这帮年轻人喜欢京剧，真不简单。"

夏文兰和欧洲小朋友在一起

说者无意，听者有心，我一下想到了自己挚爱的相声。如果说我和文兰在男女相声的道路上有一点儿小小的成绩，那绝对是我们俩的幸运。其实，我们都是群文干部，自己实实在在做的，就是在地方和部队上培养了一大批的曲艺爱好者，三十多年来，光各类曲艺培训班就办了三十多期，而且都是免费的。其中最为关键的，就是我们在苏北地区让很多的小学生喜欢上了曲艺、学习曲艺。这样，在无形中，我们把他们的家长也培养成了曲艺观众，并且，调动教育部门的社会资源，让这些喜欢曲艺的孩子在各类的升学考级中，获得跟学钢琴、学二胡的学生一样的待遇。要知道，很多家长都认为，学曲艺是没有出路的，你只有让他感到由衷的喜欢，他才能为之下功夫，从这个角度来说，中国北方曲艺学校、中央戏剧学院的相声大专班、鞍山科技大学曲艺班等，都为曲艺事业和爱好曲艺的学生做了一件大好事。

夏文兰的粉丝们

文兰说得好："只要每个相声人都为相声做点实事，相声的观众肯定也会越来越多，相声的前途也会越来越光明！"

初到南京的时候，有一名叫李园的高中生慕名找到了文兰，非要拜师学艺。原来小伙子要到美国留学，但一没特长，二没社会实践。这样的情况要想顺利通过美国大使馆的面试基本不太可能，在文兰的建议和安排下，李园利用每个星期六，来到相声俱乐部做志愿者服务工作，还跟徒弟刘亚伟学起了快板。就这样半年多下来，李园不仅学到一项技艺，还拿到了去美国留学所需要的社会实践材料，最后顺利地通过了考核。

后来，李园不仅在美国顺利找到了工作，还教老外学起了快板。

这，不也是一种传播吗？

三十五、冷眼旁观

一个人要是"火"了，放个屁都有人追着闻，没准还说味道好极了。我这绝不是"三俗"啊。

对于郭德纲的窜红，文兰和我一直觉得应该在情理之中，毕竟他吃了那么多年的苦，遭受了那么多年的白眼，关键是他确实拿出了几段比较显眼的东西。尽管有很多人还在吃着同样的、甚至比郭德纲还苦的苦，但他毕竟火了，这就算好办了。

中国有句老话，英雄不问出处，更有甚者说，王侯将相宁有种乎？对于普通老百姓来说，郭德纲的其他一切都不重要，只要能让大家开心一笑就行，这就难怪有了那么多的所谓"纲丝"了。至于郭德纲能红多久，能红多长时间，那只有用作品和时间来说话了，当所谓的"倒纲"运动开始的时候，江苏的媒体也对我采访了一番。可惜，我当时的声音没成主流，我始终觉得因为年轻，因为不懂事，因为个性，是人都会犯点错。但应该允许自新，允许改正。随着时间的推移，郭德纲本人肯定会有一个调整期，要不怎么说人生就是一个完善自我的过程呢？何况还有相声界那么多的高人在暗中辅助他，这本身就是他的造化。所以，郭德纲实在是没必要再不分场合地拿同行"砸挂"了。灭高人有罪，但真是高人一定会见好就收的，别话语权一到你嘴里就不刹不住口，别人也得活下去不是？祸从口出这句话不是说着玩的。

针对郭德纲在中央电视台节目里提出的"女人不能说相声"一

说，记者采访时，文兰是这么说的："女人当然能说相声，别人我们不知道，但我们两口子能在舞台上坚持二十四年，不就是最好的证明吗？郭德纲有他十年的艰辛，那我们也有自己奋斗的艰难。有时候，付出和回报是没法成正比的，既然喜欢这一行，那你就得坚持，没人拿枪逼着你。有成功的，也有不怎么成功的，甚至一辈子白干的，关键看你自己的心态如何了。"

我们觉得这番话没什么，没想到媒体给放大了，更有些"纲丝"居然认为文兰是借机炒作，假如都这么简单，郭德纲也不会猫在北京这么些年了。

事实上，相声界历来就不乏优秀的、非常出色的女演员。老一辈的就有回婉华、于佑福、魏文华、吴萍等，其中，回婉华还是已故影帝、相声演员牛振华的师父。吴萍曾经到中南海给毛主席、周恩来等党和国家领导人说相声，毛主席还鼓励吴萍说，要把女同志说的相声说好。魏文华还曾经是中国北方曲艺学校唯一教授相声的女教授，一直活跃在相声舞台上，当时是北京周末相声俱乐部最受欢迎的演员之一。

20 世纪 80 年代中期，相声界还出现了被大家公认的"五朵金花"，其中就有著名小品演员巩汉林的妻子金珠、相声名家丁广泉的妻子杨佳音，师胜杰的母亲和妹妹也都是非常著名的相声演员。只是当年的宣传途径和传播渠道没现在这么多，人们的欣赏口味也不一样，才造成了不为现在的观众所熟知。最要命的是行内人挤对女相声演员。我就听一些老先生说过，我们这"活儿"女的没法使。是没法使，你尽是《托妻献子》《反七口》了，那怎么使啊，女演员都快归了扫黄办了。

文兰曾经做过一个统计，20 世纪 90 年代中期，全国各地的专业女相声演员有不到五十人,业余的说得不错的有八十多人,加起来有一百多人。可别小看了这一百多号人,这在其他艺术行当里可能算不了什么,但在相声队伍里,已经是个了不起的数字了,光中央戏剧学院相声大专班里培养的女相声演员就有二十多人。相对于地方,部队团体里女相声演员就更多,中央电视台前五届的相声大赛中,参赛的杨蔓、邢瑛瑛、原野、贾玲、宋宁等都给观众留下了深刻的印象。既然有这么多的从业人员,我觉得,除了个人喜好之外,市场的需求是一个很大的因素,要不还怎么活啊?

文兰曾经坦言:郭德纲的市场观还是值得我们加以思考的。试想,如果没人喜欢看,这些女演员还会干这行吗?其实,时尚靓丽、富有朝气,既会幽默又有文化的女性往台上一站就会吸引观众的眼球,今天的观众早已不是当年的所谓"小市民"了,观众的新的审美需求也需要女相声演员的出现,就连宋丹丹、蔡明等小品大蔓都承认在相声里边学到了很多东西。女人有什么不能说相声的。

当然,文兰也直言:如果女演员都按郭德纲和德云社的路子去说,那没有一个女演员会让观众喜欢。文兰始终认为,相声演员不应该再是当年地摊上的艺人,时代发展到了今天,相声如果还是仅供人一笑,那就太浅薄了。我们除了娱乐大众,还确实有个如何正确引导的问题。君不见六十多年前的有些东西又回来了吗?看看薛宝琨先生的评论,相声演员最好都拍拍自己的良心,否则被生活和老百姓抛弃的永远是我们自己!对于相声,不能空喊口号,为相声做点实事比什么都好。中国曲艺牡丹奖已永久落户江苏了,文兰当时还有个梦想:一旦时机成熟,在南京搞一个中国首届女子相声邀请赛。

天知道,天底下还有一个老百姓喜闻乐见的相声形式。

天知道,天底下还有一群靠嘴皮子"混饭"吃的人。

但凡能干上这行的,用马三立老爷子的话来说:这就是祖师爷赏饭吃。

别的不说,近年来,"草根"一词在曲艺界也红火起来,因为那么多与曲艺相关的"草根"现象,不得不让人聚焦、点击、关注。"草根曲艺""草根相声"被媒体、观众、曲艺界越来越熟识:"非著名"相声演员郭德纲、"一夜走红"的小沈阳、"湖南组合"奇志大兵、轰动中原的"马街书会"……一时间,这些"草根"们让曲艺界看到了热腾腾的新景观,一度冷落的曲艺界因为他们仿佛看到了一种希望、一种未来。

当然,对这些现象的出现也产生了一些不同的声音与看法。面对"草根"现象,文兰当时清醒地指出:这一现象的出现与存在,作为一个相声演员应该多几分关注、多几分反思,从中也许能悟出许多道理,厘清在变革的年代中我们相声发展新的出路,让相声之路走得更宽更广。

关于草根的大众属性,文兰有自己的理解。

"草根文化"直译自英文的 grass roots,是基层的、大众的、质朴的、纯真的东西,是来自农村、乡间的文化。陆谷孙主编的《英汉大辞典》把 grass roots 单列为一个词条,释义是:①群众的,基层的;②乡村地区的;③基础的;根本的。

草根文化,是相对于御用文化、殿堂文化而言的。生于民间,长于民间,没有经过主流意识的疏导和规范,没有经过文化精英的加工改造,充满着乡土气息,涵蕴着丰富的生活共识。草根文化不仅影响着人们的生活理念,更影响着人们的精神境界。

社会学家、民俗学家艾君在《改革开放三十周年解读》中对草根文化这样界定：草根文化，属于一种在一定时期内由一些特殊的群体、在生活中形成的一种特殊的文化潮流现象，它实际是一种"副文化、亚文化"现象。它具有平民文化的特质，属于一种没有特定规律和标准可循的社会文化现象，是一种动态的、可变的文化现象，它又区别于阳春白雪的雅文化、上流文化、宫廷文化以及传统文化。

现在街知巷闻的超女、博客、郭德纲、蔡嘎亮、"韩白"之争，都是"草根文化"。人们乐于谈论、接受，甚至是认可这些东西。因为这些东西与生活非常接近，可以为大众所理解，能表达他们心中所渴望的。

正如本文开头所举例："非著名相声演员"郭德纲、"一夜走红"的小沈阳、轰动中原的"马街书会"……这些"草根曲艺"的产生正是伴随着改革开放思想的解放、意识观念的革命、科技进步、市场经济发展而逐步展现引发的创新形态、社会形态变革及其带来的社会大众道德观念、爱好趣味、价值审美等变化，出现的文化多样化的发展趋势，在民间产生的大众平民文化现象。它们是"草根文化"繁衍派生的枝蔓，它们是"草根文化"的又一个流派、又一个群体、又一支生力军，又一方百姓喜爱的乐土。

"草根曲艺"的特点十分鲜明。姜昆先生曾这样评价：他们"开创了一片比较敢说话的土地，让我们看到了他们风趣幽默背后的犀利。他们来势汹汹，带着社会的反叛、对传统的颠覆和对权威的蔑视，不拘一格地展现着自己的文化，他们的'锋芒'与'大胆'也为许多人津津乐道，支持他们的人在其作品中找到了某种宣泄、释放的途径"。

由此，文兰认识到草根曲艺的红火、草根演员的走红是一种民间艺术在一段特定的时间内产生、形成、发展的，由于其艺术形式释放的某种观念、某种乐趣，因其"锋芒""大胆"，因其"不拘一格"而在民间赢得了大众的欢迎与喜爱。

前一时，相声的冷落也冷落了曲艺人，面对这些"草根"的红火，我们应该反思——草根暖了"大众"，相声冷落了"大众"。

相声艺术产生于旧社会，是活跃于茶楼庙会的曲艺形式，因其自然并贴近生活、语言直白，让人们在笑声中体会人生悲喜。新中国成立之初，相声作为"人民艺术"获得重生。老一辈艺术家怀着对相声艺术孜孜不倦的追求，深入生活，或采编于工厂或访谈于田间地头，他们所不忘的就是相声从群众中来就该回到群众中去。只有与大众紧密地联系在一起才能永葆相声艺术的生命力。而相声经过几十年的发展，游历于经济搞活的今天，众多大牌相声演员被冠以学者、专家、大师，成了精英。他们就飘飘然地没有了从何而来要往哪去的方向感，原本是草根布衣的相声也有了贵族化的趋势。这现象就好比自割脐带的婴儿，只能是死路一条。面对草根的红火，思考相声的出路，其实只有一条捷径——面向大众，回归到群众中去。放下架子从"草根曲艺"的艺人、民间演员那儿找回为"大众"服务的路子来。

我们的恩师姜昆先生讲到草根艺人特色时，说到"锋芒"、说到"大胆"、说到"不拘一格"，因为这些，他们受到了大众的欢迎。而当今所谓的主流相声所呈现的，变成了丝毫不能令人回味的贫嘴、滑稽、插科打诨和不伦不类的歌功颂德。

当相声不再讽刺，人们便开始讽刺相声。幽默的精髓在讽刺。一个丢掉了讽刺的相声，也就丢掉了幽默。丢掉讽刺的相声，也就失去了相声的本味。相声没有了讽刺的"锋芒"，相声失去了幽默的"大胆"，本来可以成为中国最幽默的脱口秀形式，"不拘一格"地存在。而今天,却越来越丧失掉听众、丢失了大众。

早期的相声和其他任何土生土长的民间艺术形式,都能够用丰富和真实的手法来反映老百姓的日常生活。演员可以随意自由地探寻中国人民身上的优点和缺点、中国文化的光辉和黑暗的一面,表演日常生活中令人厌烦的荒谬,无论是官场上的还是市井中的,给观众带来欢乐。

总之,相声曾经能够讽刺中国的方方面面,包括黑暗的一面。但文兰发现,其时的相声却丢失了自身最优秀的本领,观众开始冷落相声,而曲艺"草根"却高扬起"锋芒""大胆""不拘一格"的本领,成为曲艺演出的热点,大众为他们鼓掌、喝彩。

所以,文兰曾一针见血地指出:相声应该反思——面向大众求生存。

文兰关于相声的另一个观点是:挑战精英文化。

郭德纲打出旗号:相声回归剧场;小沈阳的二人转演出更是

送戏下乡

172

一票难求……就是这些"草根英雄"把演出市场搅得红红火火。而静观相声主流的精英文化却远远不及,差之甚矣,成为当今相声热门话题,文兰揭示其原因是:当今的相声和相声人,有病。其病在于:偏离了本分的定位和格局,偏离了市场的经营和经营市场的理念。

相声在侯宝林那一代之前是不登大雅之堂的,"撂地儿"演出,"雨来散"式经营,其传播范围极小,仅限于肉嗓子所能传送的人群。因此,一段相声,哪怕是一段极其平庸的相声,也会演很长时间。因为传播途径是原始的,那些相声艺人虽然活得窘迫,但只要能开口,就会有饭吃。他们有他们的活法。

郭德纲从自己的舞台实践获得了方向感:"按相声的规律走,要有娱乐性。"于是德云社把传统相声的旗号举了起来。产生于老天桥的传统相声,本身就以娱乐为使命:"去天桥就是找乐儿。不可能花钱来天桥受教育,疯了!"

前些年在天津,经常有相声专场演出的茶馆和剧场有六处之多,其中比较著名的有荣吉大街的燕乐茶社和新华路上的名流茶馆,活跃其中的是尹笑声领衔的"天津众友相声艺术团"和以刘文步为台柱的"哈哈笑艺术团",这些场馆的门票都只有二十元。

其时在北京,相声也开始重回观众视野。南城天桥剧场边的"天桥乐茶馆",就是郭德纲和他的"德云社"伙伴们呼朋唤友的相声乐园。东城区的周末相声俱乐部,也是那几年极火爆的一个相声演出场所,能容纳四五百人的小剧场内周一到周六晚上都座无虚席。和天桥乐茶馆一样,这两个场地的门票都是二十元。据此一些媒体甚至测算出"中国的演出门票合理价位应在十八元至四十八元之间"。

　　由此不难看出，"草根"们的所谓红火，其实与市场的定位很有关系，草根们的生存全部依赖市场。没有市场，他们就没有饭吃，观众就是他们的"衣食父母"。为了市场，他们得了解观众想听什么、想看什么，衣食父母的脸面就是他们的饭碗，因而他们的作品鲜活、生动，观众乐意掏钱去"听相声"，到那儿找"乐"去。而我们的精英们，没有市场的忧患，没有找饭吃的苦恼，他们靠体制养活自己。相声遭冷落，他们埋怨电视搞垮了相声；相声市场低迷，他们说草根把相声搞俗了。其实这些人当中就有从草根里走出来的，但当他达到一定高度、成了"精英"的时候，他却不愿意承认他所追求的初衷。就像一个孩子，吃够了母亲的奶水，走出了家门，来到外边的世界，人大了，也阔气了，可回家却不愿意认那个瘦骨嶙峋、干瘪着奶头的母亲！这可不可以说是种背叛？

　　其实，草根们走向市场，把自己炒热炒火是何等的不易啊？

　　姜昆先生曾说："他们台上挥汗如雨卖力地演出，台下挖空心思寻找创作素材，没事儿在琢磨下一场、甚至于再下一场演什么内容……这种为艺术投入的激情值得所有体制内的演员学习。"

　　因此，文兰撰文指出，相声的冷落也与我们的精英们的导向不无关系。演出市场不是靠几个精英就能炒热，观众要你的演出"好听""好看""好玩"，他才愿意掏钱去买票进剧场。因此，姜昆先生提出要向他们学习，这是不无道理的。鲁迅早就说过："乡民的本领不亚于大文豪。"说的就是这个道理。

　　所以我们相声要从草根曲艺的商业文化的成功运营中，进行认真反思——面向市场找繁荣。

　　文兰对相声未来的思考是：融入主流文化。

　　在人类社会发展的进程中，任何文化都不能脱离其社会价值和对社会发展所具有的责任,在中国更不能脱离文艺的"二为"方向。"草根曲艺"因为其来自民间、来自大众、来自生活,这些文化也难免带有一定的糟粕和腐蚀性。

民间曲艺的艺人在鲜活演出时,为了一些廉价的掌声、笑声和票房的那点收入,无意与有意间掺入一些低俗的表演、糟粕的内容,更有一些不该说、不该唱的节目和表演,这无疑成了一些人对草根曲艺否定的口实。

健康积极的"草根曲艺"在形成对主流文化重要补充的同时,愚昧落后的"草根曲艺"的演出与传播,无可否认也会对传统意义上的主流文化带来腐蚀和冲击。

对待"草根曲艺",文兰的观点是:应该在科学发展观的指导下,剔除一些糟粕,尤其应该剔除那些对我国优秀的传统文化造成颠覆性的、破坏较大的"草根文化"。

民间曲艺是曲艺艺术主流文化的补充,草根性不能丢失,但社会责任更不能丢失。由于草根曲艺具有先天性的缺憾,他们的作品没有系统性、没有经过精英的打磨,更没有主流文化的主流意识,因而,也不能说是十分完美的。但作为我们的相声,不能因为草根的这些缺憾,而不反思自己的创作与表演,相声现状不尽如人意的解决之道,首先只能回归到相声界本身,相声的主体仍然是曲艺人。

文兰直言:我们要承担面向广大观众、满足公民文化权利、提升公民整体文化素养的公共文化作用的社会责任。个别被媒体炒得紫红的"草根英雄",是否能够成为新生的相声艺术中坚,是否能够成为艺术的真正"品牌",而非媒体和市场制造的商业"符号",有待我们在实践中去发现。

相声是一门艺术,它是从民间艺术中产生和发展的,历经百余年的社会实践证明,相声非简单的娱乐工具或者赚钱手段,更非出名获利的"敲门砖"。要想成就相声也同时成就自身,作为相声的从业者必须矢志不渝、终生奉献。草根曲艺为我们主流文化输送了活力,我们要向民间艺人学习,学习他们扎根大众的本领,学习他们融入市场经济的能力。但是作为一个曲艺工作者,更要担当起新时代的社会责任。

作为相声艺术,"笑"固然属于审美的目的,但更是一种向人民大众表达爱憎、传播思想、点化愚昧和启迪心智的手段。在相声创演中一味地"为笑而笑",难免鸡零狗碎,甚至低级低俗。倡导和发展那些群众所喜闻乐见又对社会发展有进步意义的"草根文化",将草根文化融入主流文化中来,也是我们的一份责任。这就从艺术态度、艺术品位、精神追求上,给相声的创演以起码的底线:没有为大众服务的意识,就没相声繁荣发展的出路;没有对市场经济的文化理念,就没有鲜活的作品走红市场;没有健康向上的追求,不可能真正赢得百姓的喜爱。

文兰认为,我们在研讨分析草根现象的同时,应该反思我们的相声,把探索努力的经验和目睹的社会现象经过分析总结出来,加以相声理论研究和舞台表演实践的结合,冷静地、及时地反思与探讨,有利于加速相声在可能的范围内变得好起来,这才是我们的初衷。

三十六、关注少儿

　　曲艺界的同行常常问文兰,有没有关注过中央电视台连续几年举办的全国电视舞蹈大赛,她说她一直在关注,反正得空就看,晚上实在没时间就第二天到网上看。精彩纷呈的比赛,可以说吸引了全国众多观众的参与,按照权威机构的调查,它的收视率应该比历届相声大赛还要高,不管大家愿不愿意承认这个事实,但它就是现实。其实原因很简单,就因为它好看、精彩、动人。

　　文兰直言:央视舞蹈大赛有一个最大的特点,就是较强的群众参与性和观赏性。因为群众参与得越多,它的收视率自然就越高,这跟各种选秀节目走红的道理是一样的。在之前的舞蹈大赛中,虽有专业的高难度、艺术性很强的作品,但更多的是贴近现代生活的群众性舞蹈占了大多数,还有像来自河南的残疾人表演的,给人以强烈震撼和冲击力的作品。一句话,整个大赛,无论是作品本身还是表现形式,无论是演出队伍还是节目内容,都能让人坐得住。加上舞蹈的服饰、灯光、音乐、舞美的烘托,使得整个比赛都显得既紧张激烈又非常好看。另外,比赛环节设计得也比较好,既有知识问答,又有即兴展示,还有即席点评。印象在央视的其他艺术门类的比赛中,知识问答是必不可少的一个环节,不知道为什么到了相声比赛时给取消了,听说是众多相声同行的一致要求,甚至有人开玩笑说,要比就比"调侃"。

　　我不知道其他人是怎么想的。其实,每一次比赛都是一次交流、学习、提高和总结的过程。如果能在一次比赛中补充一点儿知识肯定不是什么坏事，可有那么多人反对，这是不是没底气的表现呢？这让我想起了有一年央视相声大赛复赛时，其间有一场比赛气氛压抑，效果极差，现场有很多观众早就坐不住了，得亏武警文工团的全维润及时跳出来，但说出来的话却非常可怜，意思是让大家再受一会儿罪，马上就完事了。相声说成这样了，还有什么可看的呢？

夏文兰在海外演出海报

令我没想到但同样非常精彩的是，由中国曲协和央视主办的几届少儿曲艺大赛，因为准备充分，内容丰富，特别是考虑到了现代观众的欣赏心理，想出了很多新办法。比如每天让不同的小孩用不同的曲艺特长来主持，比如让一些其他艺术门类的明星来演曲艺。而更多的是从节目的形式和表演手段上去丰富它，让每个节目都有了很强的观赏性，加上不同的内容和主题，整个比赛取得了意想不到的效果，在社会上的影响也就特别大。

记得有一年，比赛还没开始，就有不少家长找上门来，说要让孩子参加这样的活动。我想，尽管舞蹈和曲艺，特别是和相声属于两个不同类型的艺术表现样式，但任何艺术形式绝不是一成不变的。尤其是在今天的形势下，曲艺应该想尽办法，让更多的年轻人来喜欢它，不要跟国粹京剧似的，等就剩下一帮老人喜欢的时候再去振兴它，那就太晚了。相声也是如此，除了与时俱进，还要不断地创新才行。光会几段所谓传统相声，肯定也是不够用的。

文兰和我由于长期在基层从事群众文化辅导工作,所以对这方面的感受特别深。比如在第三届全国少儿曲艺大赛中,来自全国各地的二百多位小朋友参加了角逐,由江苏省文化馆少儿曲艺培训基地和盐城市亭湖区文化局报送的儿童群口相声《谁的功劳大》荣获了创作金奖,金煜帆、吴佳澍、徐秋水、孙思远四个小朋友获得了表演二等奖,少儿曲艺培训基地还荣获了优秀组织奖,是全国所有参赛队伍当中得奖最多的代表队。这是盐城历史上少儿文艺第一次登上央视的大舞台,同时也开创了盐城少儿文艺界获全国大奖的先河。难怪本次大赛的总导演、著名节目主持人鞠萍连说三个没想到:没想到苏北盐城的曲艺文化这么深厚;没想到盐城的家长们这么支持孩子学曲艺;没想到盐城有这么多的"小机灵豆"。我们的恩师、时任中国曲艺家协会分党组书记、著名相声表演艺术家姜昆先生也热情地勉励说:盐城的曲艺工作者们坚持了二十多年,取得了很好的成果,特别是为了孩子们,做了一系列功德无量的好事,不仅仅是培养了一批曲艺苗子,而且把中国的传统文化在盐阜大地上又向前深入地推进了一步。如果能在此基础上再上一个台阶,适当的时候,盐城完全可以申报"中国曲艺之乡"。听了这番话,在场的人全都大声叫好。

应该说,为了圆心中的曲艺梦,文兰当时那真是吃尽苦累、痴心不改。试想,如果没有我们当年的努力和付出,盐城的曲艺肯定不会有现在这么热闹。何况我们都不是职业"曲艺人",大概值钱也就在这了。这让我很自然地想起了一件事。记得每年的岁末年初,很多有钱没地方花的单位,都在以各种各样的理由,举办着各式各样的总结表彰大会。更有甚者,花着大把大把的钞票,请来走哪儿都是那么几首歌的歌星,包括一些总是演那么几个重复了一辈子的相声、小品演员，没办法，拿人钱财，替人逗乐，这就是所谓的市场规律。

全国少儿曲艺大赛从 2006 年开始，成功举办过七届，给文兰印象最深刻的要数前两届。因为参赛的节目主题突出、设计精巧、演出精彩，在中央电视台一经播出，就在社会上，特别是在广大青少年中引起了很好的反响，起到了良好的示范作用。其实，举办这样的曲艺大赛，是一件一举多得的好事。首先，通过大赛，可以深入贯彻中共中央关于加强未成年人思想道德建设的有关精神，通过曲艺这一群众喜闻乐见的艺术形式，达到寓教于乐、让孩子们在艺术实践中受教育、受熏陶、受引导的目的。其次，大赛在暑期黄金时段为全国的青少年提供了一顿健康丰盛的文化大餐，为孩子们的暑期文化生活提供了一种有益的选择。第三，通过大赛，推动了少儿曲艺事业的发展，提升了曲艺艺术的影响力，为曲艺事业发掘培养了后备人才，达到了促进少儿曲艺创作、培育少儿曲艺新人的目的。最后，它给喜欢曲艺艺术的老师和孩子们，提供了一个相互学习和交流的平台，推动了地方曲艺事业的发展和提高。

文兰为此曾感慨万千：既然有这么多的好处，我们有什么理由不让孩子们喜欢曲艺呢？

三十七、恩师如父

当听到著名相声表演艺术家侯耀文先生去世的消息时，我和文兰确实伤心了好一阵子。除了侯先生生前对我们的关心、爱护，他还曾经想让我们跟铁路文工团签约。作为我和文兰，自然心中充满了感激。

在侯先生去世三年后的一天早晨，文兰打开了电脑。她本想看看关于父亲节的消息，好买点什么礼物。但一条关于已故相声名家侯耀文先生遗产官司的新闻，引起了文兰的深思，一个人去世三年，还不能入土为安，这个事好像怎么也说不过去。尽管这是人家的家务事，外人不便多说，但亲情之间到了打官司这份上，那这种亲情就很难说了。好在现在各方言和，亲情再次回归，这倒是让文兰格外的感动。这是题外话，与本文无关。

在这么多年的艺术实践中，文兰一直这么认为：如果没有全国各地众多相声演员的共同努力，相声艺术的繁荣和发展就无从谈起。相声艺术的振兴、提高以及传承，远不是一两个"大蔓"能担当得起的。当然，各地的文化背景、经济基础、人才结构不尽相同，所以，相声艺术在各地的生存状态也不一样。相声演员的社会影响、社会地位与社会价值更是千差万别。有的演员已经是身价过千万，有的还是在社会的底层挣着几十块钱一场的劳务；有的已经身居官位，有的还不如民间艺人；有的曾经红极一时，有的早已音讯皆无。

　　我做过一个简单的统计，通过相声发达的演员似乎不在少数，但当他们拿着"敲门砖"砸通其他领域时，几乎很少再有为相声出力叫好的。更有甚者，吃着相声饭，骂着相声街；穿着相声衣，光着相声腔；挣着相声钱，卖着相声春。不知道这算不算相声艺术的悲哀？

　　据我考证，相声艺术在南京发展有近七十年的历史。当年南京就是中国曲艺的三大发祥地之一（北京的天桥，天津的劝业场，南京的夫子庙）。新中国成立初期，很多曲艺界的名流如侯宝林、刘宝瑞、高元钧、马三立、小彩舞等都曾在南京长期演出过。为北方曲艺在南京扎根打下了良好的基础。在中国曲艺界享有北侯（宝林）南张（永熙）之称的相声名家张永熙先生，在南京已有近七十年之久。培养了大批的观众和弟子，还有其他门派的传人计有五十多人。但实际上，南京真正以相声为生的演员，只有几个人，在当时是退休的退休，改行的改行。

　　尽管如此，出于对相声艺术的挚爱，2007年6月，经文兰和我的倡议，联手南京相声名家，南京所有的专业、业余相声演员在南

全家福

京夫子庙王谢故居开了一个务虚大会。原本是想把南京最繁华也是最适合表演相声的夫子庙大成殿作为主阵地，我们的恩师姜昆先生，相声名家李金斗、大兵等老师，也都专门帮我们实地考察过，都觉得这个地方非常不错，上可迎接领导嘉宾，下可服务普通百姓。可惜，由于种种原因，这个计划流产了。除了当地领导层和商业开发方面的缘故，其中有个理由非常可乐。

据说曾经有个跟南京相声界打过一些交道的所谓"老合"，拿着我写的一篇关于我和我的启蒙老师，也是南京的相声名家梁尚义先生的文章，找到了主管局的领导，说是如果在夫子庙成立南京相声俱乐部，会引起南北相声界的严重不和，因为倪明曾经受到梁尚义的启蒙，现在是姜昆的徒弟，没准能跟郭德纲一样，引发一场大的官司。所以，为了维护南京相声界安定团结的大好局面，一定要吸取这方面的"惨痛"教训，最好不要成立南京相声俱乐部。要不然，姜昆和梁尚义非打起来不可。哈哈哈哈，真是太抬举我了，我要有那么大本事，我也早不干相声了，我专门替人打官司得了。别说，相声界就是有高人，这事不知怎么传到姜昆先生那儿了，要说传话那人的水平还真高，他把梁尚义老师换成另外一个人了。

2008年春节期间，我跟着姜先生到新加坡演出，他还特意把我叫到一边询问了这个情况。我开玩笑说，说我和谁过不去都没事，说我跟南京的相声演员过不去，您问问他们自己还有良心吗？

一旁的刘惠还"砸挂"：说相声的有几个有良心的？

记得姜先生刚刚到中国曲协担任领导工作时，恰逢江苏省曲艺家协会换届选举。我当时作为盐城市曲艺家协会的主席自然要参加会议，梁尚义老师也参加了。由于三十多年前我曾经想拜梁尚义老师为师，由于种种原因，最终没能如愿，但我心目中一直把梁尚义老师当成我的启蒙老师，没有他当年的帮助，我可能走不到今天。在那次会议上，姜先生可能也是第一次跟尚义老师照面，于是就有人借机拿这个说事。更有甚者，默默地心潮澎湃、情绪激荡地等着看我的笑话。还是文兰聪明，她说：你可以借这个机会，跟姜先生和梁老师把事情挑明了，省得那些别有用心的老说三道四。

一句话点醒梦中人，要不怎么说"家有贤妻丈夫不遭横祸呢"！

会议结束，大会酒席款待，我端着酒杯非常忐忑地走到姜先生的酒桌前，说："师父，我当年有个启蒙老师，对我一直不错，我想借这个机会，请您带着我过去敬梁先生一杯酒。"

在我的印象中，姜先生几乎从来不喝酒（据说在北大荒的时候酒量很大），但当时姜先生二话没说，倒上一小杯酒，说："你带我去。"

到了梁老师面前，我介绍说："师父，这就是我的启蒙老师梁尚义先生。"

姜先生接着说："倪明，你记住，梁老师不光是你的老师，也是我们的老师，我们也从他们这一代老师身上学到了很多东西。老话说，井淘三遍有好水，人拜三师有高招。来，我们师徒一起敬梁老师……"说罢，当众把酒干了。当时的我，已经感动得热泪盈眶了……

"恩师如父"，在文兰和我的思想中一直秉承着这个观点。他们没有豪言壮语、长篇大论来教育自己的弟子，他们就像父亲一样用生活的点点滴滴深深地影响着我们……

三十八、拒绝离婚

熟悉相声的观众都知道,过去的相声舞台上很少有女性出现,即便有那么几个,也是兄妹搭档、父女合作,一来有个照顾,二来有个分寸,三来肥水不流外人田,好坏也算是肉烂在锅里。

我和文兰搭档三十年,一直也没分开过。2004年因为儿子要高考,我又坚持想在北京打拼,文兰提出让我先找一位女搭档合作。后来还真找到一位,还没等合作呢,人家男朋友先不干了,差点没打起来,这是后话,不提也罢。

我们俩之间的合作,就如我的师叔、著名小品演员黄宏所说,除了肥水不流外人田,还能保证后院不起火,因为老相互看着。

很多熟悉的媒体朋友老开玩笑说:"你们俩就这么老黏糊在一块,腻不腻啊,早点离了得了。"但我们最终没离。

有人很奇怪,你们为什么不离呢?其实道理很简单。我们俩属于20世纪80年代期间结的婚,而在中国,那个年代说相声的结了婚的,有二十多对是夫妻搭档,据现在统计,差不多都离了,我们是硕果仅存的一对!

用文兰的话来说:"都说娱乐是个圈,这圈里怎么着也得有一对'劳动模范'吧?怎么的我们也要给相声圈同人做一个好榜样吧?"

二十多对同时代结婚的都离了,我们俩为什么就没离呢?有一次,记者当着恩师姜昆先生的面问起这事,姜先生想了想说:"他们不离的原因有两个,一是走哪演出,都是两人一起上台搭档,不换别人,男的不另找女的搭,女的不另找男的搭,这样可以起到相互监督的作用,常年在外演出,吃住行都在一起,客观上也没机会;这第二点是,他们俩总一起出场,演出费肥水不流他人田,这田里肥沃了,谁也就离不开谁了,一起没事就种地,经营美美的小家庭,其乐融融!"

师父总结得还真对,文兰和我其实早有约定:男的只能收男徒弟,女的只能收女徒弟,美其名曰:从制度上严防娱乐圈的"潜规则"!这一招果然特灵,正应了马克思老师说过的一句话:制度出效益!

防婚变先从防潜开始,这句话我们觉得可以送给正日夜战斗在娱乐圈的朋友们。社会上常流行这么一句话:防火防盗防记者。现在国际形势这么紧张也可以改改了:防恐防潜防婚变。

所以,这防"潜规则"是第一步,防潜更重要,远比什么什么人为什么不离婚要深刻,且服务性、警示性、实用性、示范性、标杆性、导向性更强。正因为如此,《扬子晚报》文化部的老总鞠健夫送我们一个光荣称号:娱乐圈"防潜高手"。

其实,老话说得好:常在河边站,哪能不湿鞋。我和文兰也有过风雨雷电,但都被文兰机敏过人、巧施妙法地给化解了。

文兰经常提醒我说:在很多人眼里,我们是娱乐圈的人,而娱乐圈的婚姻多变是人所共知的,我们相声能不能说好还在其次,关键得让人家看到我们和许多家庭一样,稳定、踏实,美满、幸福。

正是由于文兰的面面俱到、事无巨细,所以外人也几乎没有机会介入我们家庭。尽管我们的朋友遍天下,但朋友间的彼此尊重,成为我们的一种常态。都说"兔子不吃窝边草",文兰的观点恰恰相反,她开玩笑说:兔子最容易吃窝边草,因为只有窝里的人,他才有这个机会来吃草。

倪明、夏文兰、倪夏宇分别成为 2002 年第 8 期、2000 年第 7 期、2013 年第 2 期《曲艺》杂志封面人物

为此，文兰想出了很多防范措施：比方说到家里来喝酒的朋友，到点就让他们太太赶紧接回家。谁要是想撒谎出去干别的事，文兰会在第一时间通知他们家里，不给他撒谎的机会。包括我去看朱奇，如果朱奇不在家，跟他爱人打声招呼必须离开，这就叫尊重。几十年来，朱奇也养成了这么一个好习惯，我要不在家，他也绝对不进屋半步。这都是文兰"教育有方"。

文兰一直期盼中国的相声舞台上能出现越来越多的男女相声。其实，男女相声早就有之。新中国成立前中国著名的有回婉华、魏文华等，新中国成立后还有著名的吴萍，她是来自山东的女演员。据说当年她去过中南海给毛主席演出过，毛主席还留下了一句震撼山河的一句话，那就是"妇女能顶半边天"。

那是新中国成立初期，山东的著名女相声演员吴萍到中南海给毛主席等领导人演出，演毕，吴萍见毛主席兴致颇高，便大胆问道：主席，您看俺们女同志能说相声吗？因为刚刚看了一男一女的相声表演，毛主席回答说：妇女能顶半边天嘛。男同志能说相声，女同志一样能说相声！这尽管是个传说，但女演员给毛主席说过相声，这倒是事实。

在"一句顶一万句"的年代,中国便掀起了一个女同志也学说相声的高潮,直到 20 世纪 80 年代,相声界也还有以巩汉林妻子金珠为首的"五朵金花",只不过著名的金珠不当"金花",后来也改演小品了。他们也成了相声圈"为数不多"的模范夫妻。

是夫妻没有不吵架的,没有不拌嘴的。文兰和我也不例外。但我们吵得再厉害,也没闹过离婚。

文兰信守诺言没跟我离婚,可她却永远离我而去了……

三十九、快乐新疆

国家文化部、中央文明办发起文化志愿者赴新疆慰问演出——"春雨工程",文兰和我连续参加了三年。

三年当中,我们的足迹踏遍了南疆、北疆许多地方。记得第一次赴新疆是在 2011 年的夏天,来自江苏各地的五十多名艺术家,带着江苏人民的殷殷深情,经过十天的巡演,为伊犁州的几万名观众带去了欢声笑语,除了极具江苏特色的舞蹈《担鲜藕》、独唱《杨柳青》《太湖美》、器乐合奏《迎亲》等精彩节目之外,我们专门为这次活动创作的男女相声《为伊犁放歌》,同样受到了伊犁观众的热烈欢迎,台前幕后发生了很多生动有趣的故事,至今历历在目。

演员坐飞机

都说不到新疆不知中国之大,不到伊犁不知新疆之美。

这次文化志愿者边疆行,吸引了众多文艺工作者和艺术家积极踊跃地报名参与,大概是考虑到老同志长途跋涉、旅途劳累吃不消,所以用了不少新人。让人一看,这是一支充满朝气和阳光的队伍。

来自盐城杂技团的演员全是一帮小年轻,最大的 18 岁,最小的才 12 岁。别看年龄小,一上台,个个生龙活虎、魅力无限,他们表演的十人杂技《龙腾虎跃》,成了全场演出最惊险、最刺激也是获得

189

掌声最多的一个节目。

在察布查尔县演出时,天公不作美,舞台上的地毯全被雨水淋湿了,小伙子们在表演时,脚下不停地打滑,一不留神就可能造成极大的摔伤。但他们艺高人胆大,不达目的誓不罢休,观众也冒着大雨,为他们鼓掌叫好。

就是这么一群天不怕、地不怕的小伙子,别看是舞台上的悍将,但很多人是第一次坐飞机。原来觉得很神秘,可一趟南京到伊犁的飞机坐下来,演员就感到了不适应,因为不仅要耗费六个多小时的时间,两腿还不能动弹,腰酸腿痛不说,肚子还饿得"咕噜咕噜"地直叫唤。你想啊,都是一顿能吃八个馒头三碗米饭的主儿,飞机上的旅行餐哪够吃的啊。害得从河南农村长大的只有12岁的小张超大声直嚷嚷:这叫飞机啊,还不如坐俺们村的拖拉机舒服呢!

女子管理队

凡是中国人肯定会记得这句老话:叫"谁说女子不如男"。用毛主席他老人家的话来说就是"妇女能顶半边天"。用我们自己的话来说:现实才是最好的证明。

一到了新疆伊犁的地面上,我就发现了一个比较独特的现象,不管是前来接站的,还是来接见的;不管是前台指挥的,还是后台跑腿的,几乎都是"清一色"的女同胞。伊犁州文化局主持工作的再图娜局长、伊犁州文化馆的王娟馆长、新源县的阿尔达克县长、霍城县文化局的沙冬梅局长。加上我们那次带队的陈蜜馆长、李萍副馆长,整个一支非常完美的女子管理队。再局长的稳重大方、阿县长的淳朴善良、王馆长的机智果断、沙局长的粗犷豪放,几个女人的性格汇聚在一起,倒也成了一道独特的风景。这些女干部性格上各有特点,一喝起酒来更是表现各异,再局长是典型的领导风格,一般都是后发制人。王馆长一到喝酒则沉默无语,绝不招人。阿县长笑容可爱、频频举杯,很多人就在她灿烂的笑容中,一杯一杯地倒下了。

霍城县的文化局长沙冬梅,原本是江苏徐州人,从小在新疆长大,再加上好不容易见一回家乡人,骨子里的那种豪放、豪爽、豪气,在那几天完全释放了,只要她端起酒来,没有一个能躲得了的。因为她带来了文化局的几个小姑娘前来督阵,你说大老爷们儿的谁好意思不喝啊?

考虑到演员们要演出,又不能"抵御"少数民族人民的热情,江苏省文化厅社文处的官处长、省文化馆的李馆长、张指导只好以身作则、冲锋在前。特别是官处长跟沙局长又是老朋友,俗话说:感情深,一口闷,就这么一杯一杯地喝下来,再大的酒量也顶不住啊。直到临回南京的那一天,只要有人喊"沙局长来了",官处长总要下意识地看看她手里有没有端着酒杯⋯⋯

"名人"杨干英

来自高邮的女歌手叫杨干英。她在当地开了一家属于自己的婚庆礼仪公司,据说生意还挺红火,但看她本人的性格似乎很难把她跟婚礼主持联系在一起。原因很简单,她太憨了。说话办事慢条斯理,收拾东西不紧不慢,每回出发上车她肯定是倒数第二个,因为还有一个来自无锡文化馆的胡琪文比她更"稳当",只要车一发动,她便会用标准的女高音在车下高喊"等等我"。这时候你再看杨干英准会洋洋得意地说:"我可不是最后一名啊。"

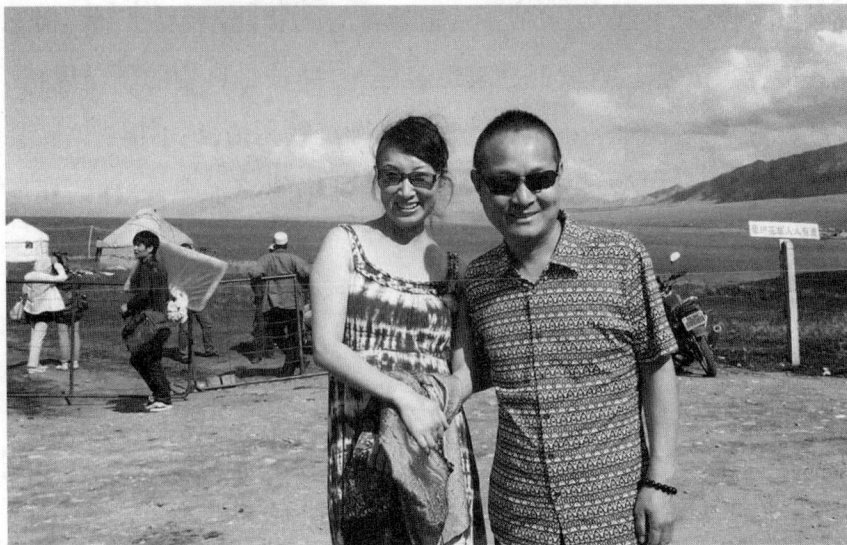
快乐新疆

就这么两个同一性格的人，还偏偏喜欢住在一起，这不要命吗？知道她们俩的特点以后，省文化馆的副馆长李萍怕她们迟到会耽误大家的行程，就有意想把她们俩分开住，没想到她们还真有主意，这个说我夜里爱大声说梦话，那个说我夜里磨牙咯咯响，弄得大家也不好意思把她们俩分开了。没办法，只好每天出发之前我提前嚷嚷，只要我一喊"杨干英"，她倒也立马很配合地"到"的一声就钻进车了。别看她在台下是个慢性子，台上却非常的闪亮，一曲地道的《杨柳青》，让新疆观众领略到了江苏民歌独特的韵味。

无独有偶，盐城杂技团有个小伙子留了一个非常古怪的发型，有点像球星贝克汉姆，于是大家就推荐他做了旗手，每到一地，只要我一喊"贝克汉姆"，他准会第一个高举着志愿者的大旗走下车，接着就是杨干英"嗞"地溜下了车。

由于我每天都这么嚷嚷，十天下来，一直跟着我们的维族司机

192

艾兹艾提谁的名字都没记住，光记得慰问团里有个叫杨干英和贝克汉姆的，直到我们临上飞机前，他还饱含深情地用不太流利的普通话跟我们说："江苏新疆心连心，贝克汉姆杨干英。"

听到这，大家全乐了，杨干英在新疆也算是成了"名人"了！

"担鲜藕"吃馍

俗话说：入乡随俗。在没到新疆之前，很多演员都想着品尝一下地道的新疆牛羊肉。用当地人的话来说，新疆的羊肉是世界上最上等的食品了。因为新疆的羊"喝的是矿泉水、吃的是中草药、拉的是六味地黄丸、尿的是太太口服液"。这么好的美餐，自然让演员们大饱口福。

但就是有人对这么鲜美的羊肉一点儿也不感兴趣，她们就是来自苏州文化馆的舞蹈《担鲜藕》组合。特别是地道的苏州姑娘向旻，一闻到羊肉味儿就想吐，这可是牵涉民族情感的问题，尽管不吃，但也得陪坐着。再说，《担鲜藕》在舞台上的跑动幅度还是挺大的，不吃还真不行。害得向旻每天只好靠吃馒头度日，并且还养成了一个习惯，就是上顿刚吃完，自己就顺手带上两个馒头留着下顿吃，下顿吃完了，再带上两个馒头留着晚上吃。所以一到吃饭，第一个吃完的肯定是她。那几天向旻一直祈祷，什么时候能吃上可口的家乡菜，她就是世界上最幸福的人了。

最后一天的中午，向旻按照习惯，一坐下来就拿出早已准备好的馒头大口大口地吃了起来，一边吃还一边喝着矿泉水，我们还没坐稳，她已经吃得饱饱的了。等到饭菜一上桌，向旻差点没蹦起来。原来，接待方怕江苏朋友吃腻了牛羊肉，特意改上了一桌地道的淮扬菜，急得向旻直喊："我这不是吃饱了撑的吗？"

果子沟"脱险"

新疆的风光之美,很多人只是在电视或者照片上看到过,只有到了现场,你才能感受到它的魅力所在。正因为如此,演出一结束,大家顾不上疲劳,紧接着就奔向伊犁地区最美的风景区——赛里木湖。

要到达赛里木湖,必须经过天山脚下的果子沟国道。这是一条进山的必经之路,有点像我们这儿的南京长江大桥,整天是车水马龙,川流不息,不堪重负。几乎每到傍晚就大面积地堵车。我们中午进山的时候还算勉强通过了,等到下山时一看,车堵了足有三千米,带队的沙局长处理事情颇有男子汉的风范,当即决定,调头从山沟底下的小路横插回去。

等到了山脚下才知道,这根本就不能叫作路,充其量就是一条羊肠小道,不仅高低不平,还有很多的沟沟坎坎,小车勉强能走,几十座的大客车根本就没法前行。更要命的是,车子已经没法再调头了,只好走五米,填个坑,走十米,铺个路,用了不到一个小时,车子才开出了百十米。眼看天色将晚,气温也是越来越低,如果天黑之前走不出山谷,那全体人员就有被困在山里的危险。眼看着几个女演员脸上露出了困惑和不安,新疆的几位司机师傅赶紧拍着胸脯说:放心,一定会让你们安全到达目的地。

好在新疆山沟里石头遍地,大小齐全,加上几位带队的领导指挥有方以及我们人多力量大,特别是几位新疆司机的高超车技,经过两个多小时的努力,车子终于走出了山谷。车子刚一开出山脚,大车小车上的人是一片欢腾。虽说这是一个临时变故,但两地人民之间的真情可见一斑。

官处长戴帽

原江苏省文化厅社文处的官天涛处长是军人出身，说话办事不光是大刀阔斧、雷厉风行，有时还体贴周到、非常细腻。

开始谁也没在意杂技团的那帮小伙子饭量大，但官处长一眼就看出来了。新疆的天黑得比较晚，演员吃饭又比较早，小伙子们也不好意思说，但每回演出结束后，官处长都会及时地安排小伙子们吃上消夜。

俗话说："酒风如作风，牌品如人品。"在新疆做客要没点酒量，那日子还真不好过。虽说官处长酒量很大，人也豪爽，但也架不住每天豪饮啊，有时候还一天三顿，喝了自己难受，不喝就是看不起少数民族同志。就这么坚持了八天，官处长深有感触地说，我下次一定把民族之间感情交流的机会让给其他同志。

演出结束前一天，官处长很善解人意地带大家到临近边界的霍尔果斯商贸城买新疆特产，大家伙也奋不顾身地扑向商场。这个买披巾，那个买精油，这个提着薰衣草，那个拿着葡萄干，正准备上车呢，突然发现官处长找不着了。再一看，不远处的台坡上威风凛凛地站着一位大汉，头戴骑士帽，腰系宽皮带，两手叉腰，迎风挺立，真是好不威风。仔细一看，正是官天涛处长，他一脸自豪地说，一戴这个骑士帽，我就有了驰骋疆场的感觉。正说着呢，来了一位维族老大爷，他很礼貌地对官处长说："先生，你的帽子戴反了！"

大家听完哈哈大笑，官处长则很幽默地用新疆普通话跟大家说："我就是要让你们看看，这么戴骑士帽是不对的。"这时笑声更热烈了……

文化志愿者边疆行活动早就结束了。那是一次特殊的体验,那是一份特殊的奉献,那是全国各地艺术家开展文化服务、传播先进文化、弘扬时代精神的一次非常有意义的尝试。它必将在各地和新疆人民之间搭建起一座友谊的桥梁!新疆之行也成为我和文兰充满历险与收获快乐最多的一次远行。

四十、情暖人间

相声让我和文兰结缘，并且度过了三十多年的幸福时光，也让我们跟很多朋友结下了深厚的友谊，有些虽不是兄妹却胜过兄妹，有的虽不是亲人却胜过亲人。

我们也三十年如一日地坚持着自己笑的方向，坚守着自己笑的底线，坚定着自己笑的目标。不管风吹雨打，胜似闲庭信步，始终为普通老百姓说着相声。尽管有很多改行的机会，但我们一直无怨无悔、乐此不疲。我们也在这份快乐当中，赢得了大家的好感和尊重。特别是文兰，她的善良以及对父母、对家人、对朋友的那份孝道、亲情和真诚，更是赢得了一片喝彩。

在老家盐城，几乎所有的邻居都知道文兰不仅温顺贤惠，而且孝顺仗义。不管是逢年过节，还是周末放假，只要有空，她都会放下一切开车回家探望、陪伴年过八十的父母。一旦老人有个头疼脑热，她总会在第一时间请在医疗系统工作的朋友们帮助照顾，并且会及时赶到父母的身边。

十多年前，文兰的母亲得了脑溢血，久病不愈，她想尽各种办法都于事无补，只好常年抽出时间赶回老家探望。那时候，文兰刚刚调到南京工作，很多人误以为她是活动太多，来回奔跑，其实，她是回家探望老母。那年，文兰的母亲病逝，当时我们正在西安参加一个活动，接到消息时航班早就没了，那时候也没高铁，我们愣是一路狂奔，转了好几次车，仅用了一夜的时间就从西安赶回盐城老家守灵。文兰深有体会地感叹道:"什么叫奔丧,我算知道了!"

在文兰的影响下,我们彼此的兄弟姐妹包括所有的晚辈,也都会抽出更多的时间去看望老人、照顾老人。文兰经常放在嘴边的一句话就是:"尽孝不等人,尽孝不丢人。"她对父母如此,对相声圈的一些前辈也是尊重无比,逢年过节还会送上一些祝福和礼物。那年,文兰见恩师姜昆先生太忙太累,特意想尽一切办法,还邀请了众多的师兄弟,把师父接到盐城,好好地给师父过了一回生日,当巨大的蛋糕从舞台上空缓缓降落的时候,师父非常地开心。当他离开盐城来到机场的时候,文兰又安排人送上了一个生日蛋糕。姜昆先生开玩笑说,看来我有点难产了。周围的人听了哈哈大笑。这段故事在相声圈早已传为佳话

文兰原是盐城工艺美术厂的绣花女,喜欢唱歌能当主持,但对属于地地道道北方曲种的相声起初一点儿都不懂也不怎么喜欢,是我把她引上了"贼船"。相声,是我们的事业,也是我们的"红娘"。文兰不说则罢,一说三十年不变也不想变,不管过去曾有人说相声是"国宝",后来又有人说是"国草";不管这传统艺术被时尚娱乐挤对得多旧多老,她与我不合作则已,一搭档则把身心整个都搭上了,一搭就是三十年,除了艺术,我们从没制造过什么绯闻。

如果说我们的相声有些特点和特色的话,那就是一庄一谐、一文一武的性格和风格反差,充实了我们相声的包袱,强化了戏剧性冲突,也碰撞、创造了耐人寻味的欢笑,挖掘、引发了意蕴深长的思索。

按文兰的理解,相声这个行业做好了非人精可比,做不好比人渣可恨。文兰非常科学地继承了相声前辈们的优良传统,在江淮大地把相声发扬光大,做成了前辈首肯、同辈信服的人精艺术。

生活中的文兰更是心素如简的贤妻良母,从结婚时细绣精致的

床单枕套帐沿窗帘到婚后的日常家务操持，都深得亲友邻居们的夸赞与羡慕。在单位她与人无争又能主持正义；她爱洒剧场情献观众，而面对与孕妇争座的人她又敢仗义执言、据理力争；路见不平，加上边上我的"一声怒吼"，文兰此时又变成了地道的"女汉子""神雕女侠"。

文兰兄妹四个，她排行老四，所以，家里人一般都直接喊"夏四"。别看她是家里最小的一个，但凡是家里有个重大决策、人情往来，夏四这一票还是非常关键的。因为她做人做事大气、稳重，有条、有理。除了对哥哥嫂子、姐姐姐夫非常尊重、客气之外，对晚辈更是关心备至。在我的印象中，倪家、夏家几乎所有的大事小情都需要文兰出面才能张罗完美。什么老人生日、孩子上学、姐姐调动、嫂子开张等等等等，她都事无巨细、安排妥当。所以，家里有什么事情，宁可停下来，也要等夏四回来。她对家里人如此，对学生、朋友、晚辈也是这样。

女儿蔡梦

在文兰众多儿子、女儿当中，蔡梦应该是最大的受益者。蔡梦是个南京姑娘，毕业于南京航空大学艺术系。由于家庭背景简单，母亲身体一直不好，毕业之后并没有能实现自己的艺术梦想，而是选择了到企业发展。

文兰和蔡梦认识非常简单，那时文兰刚刚到南京工作，单位组织文化活动，邀请了南航大学生艺术团来参与演出，毛手毛脚的蔡梦一会儿服装找不到了，一会儿眉笔不见了，眼看着就要上场了，蔡梦都快急哭了。文兰不慌不忙地安慰她说：别着急，时间还来得及。我这里有全套的化妆用品，你尽管用，实在不行，我来帮你化。

你长得这么漂亮，不用化妆都很美。

一番话说得蔡梦破涕为笑。

演出结束，文兰主动问蔡梦，需要搭车吗？蔡梦求之不得地赶紧点头，因为她正犯愁一大堆东西怎么运走呢。在车上，文兰知道蔡梦大学刚毕业正在找工作，边热情地对蔡梦说：你可以跟我保持联系，一边找工作，一边参加我组织的演出，这样可以先保证拿到一份收入。

蔡梦那时候真是梦多，一会儿北京有家演艺公司看中她了，一会儿西安有家企业约她去了，一会儿四川来人了，一会儿东北要来签约了，等到的结果，都是沮丧而归。

有一回，蔡梦正叹气呢，文兰提醒她说：你为什么要舍近求远呢？华恒昌集团正需要你这样有文艺特长的人才，他们是一家发展中的集团，你完全可以先找份固定工作，然后再发展啊。

蔡梦傻傻地问：人家会要我吗？

《怎么了》演出照

文兰说:我给他们人力资源部的赵总打个电话,你就说是我的干女儿,这样人家才有理由关照你。

就这样,在文兰的引荐下,蔡梦很快走上了工作岗位,这一干就是七年。

每当蔡梦遇到什么烦心事,文兰总会在第一时间帮她排忧解难。为此,蔡梦的父母一直心存感激,多次约请文兰吃饭、送礼,都被文兰谢绝了。

蔡梦的妈妈激动地说:蔡梦能有你这么个干妈。真是福气。

别看蔡梦学的是艺术,但脑子经常"一根筋",有时候反应还比较慢,弄得你哭笑不得。

有一次华恒昌集团在苏州金鸡湖边上举行活动,我是现场主持。我在前面津津有味地铺垫道:接下来上场的美女不是外人,是我的干女儿,她叫蔡梦,曾经获得过全国大学生文艺比赛的金奖。

现场掌声热烈,她一上场立马让我尴尬:大家不要听倪老师开玩笑,夏老师是我干妈,但倪老师不是我干爹。因为郭美美就是因为有干爹,所以影响不好。我觉得干爹不是什么好东西。

台下一片笑声,大家以为她幽默呢,其实蔡梦就是这么个性格。

有一件事情,对蔡梦来说永生难忘。

那时候华恒昌集团刚刚研发一款新产品"六早",当时,全国各地都催着要货,公司的人自然忙得不亦乐乎。就在那天下班前,湖南的经销商急等着要发一批货,当时的包装又是新设计出来的,还没装货。有几百盒货等着装箱,但公司的人几乎都已经下班了。刚刚从文化馆工作岗位上赶过来的文兰二话没说,挽起袖子带着蔡梦他们几个一直装货到夜里十一点,中途也不知谁发了一条微信,有不少员工自发地赶到公司,帮着一起干了起来。

大家一致说:夏总以身作则,在我们集团光干活、不拿钱,还处处为企业着想,我们有什么理由不为企业出力。

蔡梦做梦也没想到,在她的婚姻问题上,是文兰让她化险为夷了一次,毫不夸张地说,蔡梦现在的幸福是她干妈给的。

文兰一直安慰她说:只要你幸福,干妈什么都愿意为你做。

梦梦,你现在是不是感到很幸福?

儿子刘涛

2012年初,我所在的江苏省文化馆来了位新同事,名字叫刘涛,是当时所进人员中唯一的一个男孩子,可能是单位领导看走眼了,或许领导就喜欢像李玉刚式的男孩,刘涛表面上给人的感觉还是挺文静的。

实际上刘涛是典型的山东汉子,性格本身充满了阳刚开朗,有时候还显示出一种豪放义气。他能当着领导的面指出某些业务上的不足,虽然年轻,但勇气可嘉。要知道现在的年轻人大多已经没有我们当年的锐气了。

刘涛不仅勤奋好学,还写得一手好文章。但他总是想到舞台的第一线上"蹦跶"。要说这孩子不喜欢舞台那是假话,但不是每个人都适合做演员。有梦想总是好的,可如果方向不对,往往就会成了白日做梦、黄粱一梦。我是个心直口快的人,很想直接告诉刘涛,你这辈子就算努出个屁来,在舞台上那也是闷屁。但文兰坚决不让我这么做,她觉得谁都有尝试舞台表演的权利,谁也没有剥夺别人探索实践的权利。既然孩子喜欢舞台,投在了跟舞台艺术有关的行业,又在你的部门干事,那你就有责任和义务去帮助他实现这个梦想。

起初，刘涛见我们那么多的徒弟在一起就像一家人一个样，他很是羡慕，也想融入其中，成为其中一分子。文兰看出了他的心思，点拨他说：你不一定非要拜师才能融入啊，曲艺圈有很多让大家成为一家人的做法，你可以认倪老师做干爸，他的年龄、资历也足够教你。你在工作、生活当中有什么需要了，我们也可以名正言顺地帮你，这就是曲艺界优良传统之一，你不觉得这是一举多得吗？

就这样刘涛成了我们的干儿子。

但我跟刘涛有言在先：不管我们个人交往如何，一定不能带入工作之中。在单位我们只能是正常的工作关系，千万不能因为个人情感和情绪，影响到工作。迄今为止，刘涛很好地转换了自己的角色，并且在业务上提高很快。

那时候，下基层演出是家常便饭，刚刚踏上新的工作岗位的刘涛也成了其中的一分子。而他接的第一个任务是演小品，演的是一个憨厚耿直的苏北农民，可说的是普通话、穿的是时尚裤、走的是 T 台步，都快成"时尚"大戏了。每次演出完，他总要凑到文兰和我的旁边请教。文兰每次都很委婉地提一些小的建议，生怕伤害到孩子的自尊心。随着一场场演出积累，刘涛总感觉到演的角色出现了问题，自己也陷入了纠结，文兰觉得时机成熟了，就开诚布公地提醒他：一个人能把一件事干好，就已经很不容易了。就像你，能把文章写好，那已经很了不起的了，为什么不把长处变成优势、变成金刚钻，非要在自己并不擅长的领域里寻求发展呢？这肯定是要走弯路的。一个人最大的痛苦是什么？就是在错误的道路上追求了一辈子。包括你将来搞对象，千万要记住，只求最合适的，别求最好看的。那女孩子可能很漂亮，但她未必属于你，没准全国有三千多人在追她呢，你能赶趟吗？

一番话，说得刘涛连连点头。他觉得文兰真的就像母亲一样循循善诱、指点迷津。尽管后来他逮着机会还要往舞台上窜，要么当主持人，要么搬道具兼舞台监督，这也不能怪他，也是文兰指点的。她告诉刘涛，舞台作品不是文学作品，不论是小品相声还是晚会台本，都要熟悉舞台、了解舞台，才能写出适合舞台的作品。

所以，现在刘涛写出的文学台本不仅有了鲜活的舞台感，更有了自己独特的表述，上门找他写台本的人也越来越多，至少在省内这个年龄段的年轻人中，刘涛已经算是个佼佼者了。

随着工作、生活上的不断接触，加上每年几十场的基层巡演，刘涛这孩子和我们的感情也越来越深。特别是有一次下基层慰问，他为了保护我，仗着自己年轻气盛，喝酒的时候谁也不服，一下子就被"撂"倒了，到了酒店"一吐千里"，这下可忙坏了文兰，垃圾袋换了好几个，又是烧水，又是洗衣服，把他当成自己的孩子照顾。都说酒后吐真言，出于对我们夫妻的信任，孩子把自己在南京打拼的辛酸和家庭、社会、单位给他造成的一些困惑一一都说了出来。文兰更是不厌其烦地帮他答疑解惑、实话实说。孩子睡着后，文兰就和我说了一句话，这孩子不容易，咱得多帮帮他。

从这之后，刘涛和我们走得越来越近。又是一年的巡演，文兰和我六场说了六段不一样的相声，这让刘涛觉得很佩服。他又盯上我们了，悄悄地和文兰说，能不能教我学说相声。大家都知道，相声门儿有相声门儿的规矩，要对收的徒弟负责，所以，文兰说你本身不是干这个的，就别拜师了。再说，你已经是家里人了，学什么不比外人方便啊。你能喜欢相声，我们也很高兴，说实话，多一个爱相声的人就是相声的福气。

就是这个刘涛，因为工作关系，我们老在同一个场合出现。有一年,我们到福建的晋江参加华东六省一市的小品活动,偏巧儿子夏宇有作品参赛。演出过程中,他们俩经常一前一后地陪着我,弄得很多人莫名其妙,倪老师怎么带两儿子出来呢?因为刘涛和倪夏宇太像了,连个头、身高、眼镜、发型都差不多,有时候有人觉得刘涛比夏宇更像我儿子。夏宇也不客气:我爸年轻的时候到处演出,身体又好,说不定去过涛哥的老家演出,他又那么受粉丝欢迎,特别是女粉丝。这里面发生过什么还真不好说。

这孩子,想什么呢?

为了纪念文兰舞台艺术三十周年,我们出了两本书——《悄悄话》和《出门在外》,刘涛看完后,在最快的时间里写了一篇书评《笑里藏刀的背后——评夏文兰、倪明相声新作品集〈悄悄话〉》,文兰看后大为赞赏:这才是你的发展方向。文章逻辑严密、观点鲜明、文笔老到、很有思想,一点儿不像二十几岁的年轻人写的。

因为文兰觉得这孩子在文艺评论方面有独特的天分和见识,所以极力建议他在文艺评论方面多下功夫、多写文章。后来,刘涛又写了很多文艺评论,文兰不仅在朋友圈大力推荐,而且请南京大学、东南大学、盐城师范学院等高校的专家朋友给提意见,随后转给刘涛。文兰的这些关心和帮助后来得到了特别好的反馈,刘涛现在已经成了中国文艺评论家协会会员、曲艺杂技艺委会委员。著名文艺评论家崔凯先生在看了刘涛的文章之后评价说:后生可畏。

除了在事业和专业方向上给刘涛出谋划策,文兰在生活上也没少操心。刘涛买房子贷款批不下来找干妈,朋友间因为借钱发生矛盾了找干妈,小区物业收费不作为耍赖找干妈,就连给自己养的金毛犬找"女朋友"也要咨询干妈,这事儿可把文兰逗乐了:你自己的女朋友还没解决,倒是为狗操上心了。刘涛回答一句话,把我们全逗乐了：都是单身狗，相互理解才是好朋友。

可惜，文兰还没忙完刘涛女朋友的事儿就走了。还好，现在刘涛不仅交了女朋友，那条金毛狗也脱单了，并且还让母狗怀孕了，这才叫"人不如狗"呢。

刘涛曾经多次在众人面前表示：作为夏文兰、倪明老师的干儿子我非常自豪，他们不仅是我值得尊重学习的长辈，更是我事业生活当中的榜样和楷模。特别是和干妈在一起的时间不过四年多，但是她给我的关爱、帮助是其他人没法给予的。她的那份美丽、亲切、温暖、关怀，无时无刻不在感染着我，让我对生活和未来充满了希望。我曾经有个疑惑，什么叫慈悲？后来干妈告诉了我：每个人都是发光体，爱心善心越多，光就越强，照亮的人就越多，那就是慈悲；而凝聚在了一起就会成为一种巨大的力量。

文兰常说，儿子、女儿、徒弟、学生，不过是个称谓，没有真心相待，没有真情表达，这些称谓一文不值。就像某些身处高位的人，别看他成天装腔作势，其实不堪一击，因为，别人根本没拿他当回事。

还好，文兰的这些儿女没有忘记她的这份真心，他们一个个踏实真挚、勤奋上进，也算是没有辜负文兰对他们的一片关爱。

王会、唐娟

人常说：榜样的力量是无穷的，文兰从艺三十年，给很多年轻人做出了表率。

在盐城文化馆工作期间，单位为了便于开展工作，从基层文化站抽调了不少年轻同志到第一线，白天排练，晚上演出，装台卸台，全是这批年轻人，工作确实很辛苦。文兰总是用各种方法鼓励、激励他们，让他们能轻松快乐地干活。她随身的包都特别大，因为里面都是各种小吃，随时成为她的奖励品。

演出队里有两个跳舞的小丫头，一个叫王会，一个叫唐娟，平时话不多，一说话脸就红。但文兰特别喜欢她们，每次演出都帮她们化妆叠衣，就像她们的母亲一样。

先说这个王会，跟我们真是有缘。她小学四年级的时候，每次我们到她所在的楼王镇演出，她总是拉着妈妈的手，哭着喊着要到剧场听我们说相声。只要文兰在台上一唱歌，她也跟大人一样鼓掌叫好。没事的时候，还喜欢跑到后台看文兰化妆，趁着文兰不注意，自己还偷偷地拿起口红对着镜子画一圈，结果没画好，画了个大歪嘴，引得大家哄堂大笑。文兰马上制止：孩子爱美是好事，不能笑话她。说着帮她擦掉后又认真地给她画了一遍，直到小王会满意地笑着跑了。那时候农村的文化生活特别单调，所以只要有我们的演出，剧场里肯定是座无虚席、"人满为患"。甚至有些人得走后门、爬窗子才可以进剧场。当我和文兰一出场，台下总是掌声雷动、欢声笑语，这时候往台上一站就是几十分钟。

我不知道王会后来从事群文工作有没有受我们的影响，但就在看了文兰的几次演出之后，王会居然自己要登台了。

有一次，王会妈妈所在的厂子要编排一个京剧联唱的节目参加文艺会演，如果获奖了，还有机会跟文兰同台演出。这可是千载难逢的好机会，王会哭着喊着非要参加不可。经过协商，王会作为"编外队员"，跟她妈妈一起演唱了《红灯记》里面《都有一颗红亮的心》片段。当她获奖后在后台见到文兰，说什么也不要别人化妆，一定要让文兰给她化，说是只有夏老师化出来的最漂亮。从那以后，王会也成了学校的文艺骨干。

转眼间，王会面临初中毕业需要择校的关键时刻。本来她可以在盐城师范学校和盐城鲁迅艺术学校两所学校当中选择一家,但在一次文化干部综合才艺技能比赛的舞台上,王会再次见到文兰。她见到文兰一袭白色裙,身材纤长、婀娜多姿,一会儿跳起了孔雀舞,一会儿唱起了《祝酒歌》,一会儿扮演起老大娘,一会儿说起了快板书……王会被文兰的多才多艺惊呆了,毫不犹豫地报考了盐城鲁迅艺术学校,从此走上了文化艺术道路。

三年的鲁艺生活很快就结束了,就在王会为工作犯愁的时候,文化馆正好要组织基层巡演,作为艺术指导的文兰点名要王会参加。白天紧张地排练,晚上到各个乡镇演出。文兰非常关心舞蹈队的几个小姑娘,再三嘱咐她们晚上千万不要单独出行,遇到困难一定要告诉她。排练场上,文兰不停地给她们指导,把自己的舞台经验毫无保留地传授给她们。谁要是在演出过程中出现了失误,文兰不仅不批评,反而不停地鼓励她们,还经常用自己打比方,说自己以前也出现过这样那样的问题,只要功夫到了,下次也就不会再失误了。在文兰的悉心帮助指导下,王会的业务水平有了很大的提高。

那一年,盐城电视台举办"伯乐达杯"主持人大赛,王会心里纠结,到底要不要参加,文兰鼓励她:人生最重要的就是经历,你只有经历了,才会有切身的感受。再说,这也是一次难得的锻炼,好的咱好好学习,不足的咱找差距,谁也不是王侯将相。只要努力了,咱就不后悔。

说着话,拿起电话,给电视台的朋友打电话,打听参赛细节和注意事项,告诉王会应该准备哪些东西和解决哪些问题,从服装到语言,从开场白到才艺展示,文兰都帮她做了精心设计。经过文兰的大力推荐和指点,王会居然获得了那次大赛的"十佳主持人"。现在的王会,不仅能主持节目,还能演小品、说相声,把当地的群众文化活动也组织得有声有色。

为了帮助王会入编，文兰没少操心。她不仅让王会在众多场合亮相，还主动找到王会所在地的乡党委书记和相关领导，一个劲地夸奖王会，请领导多多关心。尽管由于种种原因，王会至今还是编外"文化站长"，但她把文兰对事业、对人生、对社会的担当和责任完美地继承了下来，也在当地托起了一片文化天空，这不就是文兰期盼和希望的吗？

文兰对王会这样，对唐娟更是如此。

有一次演出结束很晚了，唐娟的同伴有事不能回家，她一个人又不敢回家，文兰主动给唐娟家里打了个电话，让他们放心：唐娟在我家呢。唐娟的家人感动地说：放心、放心。唐娟经常念叨夏老师的好。

2004 年正月二十八日，已经结了婚的唐娟在盐城医院生孩子。由于是双胞胎，在生产过程中出现被医学上称为的"羊水栓塞"，昏迷了十多天，成活率几乎是万分之一，病危通知书一天一张地下，情况非常危险。文兰得知后，立刻买了一大包东西赶往医院。看到唐娟在重症监护室里，心里很不是滋味，眼泪在眼睛里一个劲地打滚。医院的医生护士都认识这位"大名人"，所以破例让文兰进了重症监护室探望唐娟。文兰强忍泪水，拉着唐娟的手说："娟子，你一定要坚强，一定要勇敢，一定要战胜病魔。等你好了，我带鲜花来接你，一起继续下基层演出。演出队怎能少了你这个大美女呢？将来孩子长大了，我来教他们唱歌跳舞说相声。

听到文兰的安慰和鼓励，昏迷中的唐娟流出了感动的泪水。

看到这个情景，文兰高兴得直蹦，激动地对医生说："娟子肯定听到了！娟子肯定听到了！"

当时文兰的工作确实很忙，社会兼职也多，在离开医院的时候，她特意找到科室主任，再三拜托她对唐娟多多关照。当唐娟脱离危险、准备出院的那天，文兰特意让所有的小姐妹来迎接她，害得唐娟又是一阵热泪。

其实，类似于唐娟这样的故事，在文兰身上有很多很多。

有一次我们去镇江演出，润扬大桥那时候还没建，到镇江必须从扬州的瓜洲渡江才能到达。就在渡船的船头，文兰发现了一位中学生模样的男孩蓬头垢面，文兰觉得这孩子肯定在外流浪好几天了。出于做母亲的本能，文兰上前询问了一番，得知这个孩子来自常州，因为和家人赌气，想跑到亲戚家躲几天，结果亲戚又没找到，身上一分钱没有不说，已经一天没吃饭了。文兰立刻从包里拿出了一点儿小吃，问：想不想回家？

孩子说：想。

文兰从钱包里掏出三十块钱问：回家买车票够不够？

孩子说：够了。

文兰说：好。但要记住了，以后不管遇到什么事情，不要采取离家出走的办法，让家里人担惊受怕不说，你自己的安全也是问题啊。

孩子若有所思地点了点头。

当我们到达镇江，文兰特意到火车站又找到了那个男孩，看他手里拿着去常州的车票，一下子放心了。

她坦承地对男孩说：我之所以要回头来找你，一是不放心，二是不踏实。因为我不知道你说的是不是真话。我不能让我的善良给别有用心的人欺骗了，这样会让善良的人伤心的。你也要记住，没有比信任和真诚更值钱的东西。我给你留个电话号码，到家以后报个平安。希望你好好学习，早日成为有用之才。

几年以后,文兰收到一封外地来信,是三十块钱和一张大学录取书的复印件。

两个小徒

文兰和我有两个活泼可爱的小徒弟吴佳樹和金昱帆。说是小徒弟,其实也不小了,吴佳樹当时已经上高二,金昱帆是北京广播学院南京分院大二的学生了。

说起他们两个拜师非常有意思。我们在盐城工作的时候,孩子的家长就通过各种关系找到我们想要拜师,但文兰一直没答应。

文兰说得好:我们自己学艺不到、技艺不精,别耽误了人家孩子。

要说这两位家长还真够认真的,等我们到南京工作了,又通过南京的朋友再次提出拜师。后来经过观察了解,俩孩子真的特别喜欢曲艺,没事就看我们的碟片和节目,有些台词居然都会背了。经过几年的交流和学习,吴佳樹、金昱帆终于在 2009 年的夏天正式成了我们的徒弟,还是年龄最小的一对。

为了让孩子更好地学习,金昱帆的父母确实投入了很多,不仅在高中阶段就把他安排到了南京念书,其间,还多次通过我们带他到天津找管新城、张尧老师学艺,正是有了良好的学习环境和多才多艺,金昱帆才能顺利地考取了北京广播学院南京分院。

要说这个金昱帆小时长得确实活泼可爱、小巧玲珑。可长大以后不知吃了什么不消化的东西了,净长肉不长个了,现在只要人往那一站,就是面镜框,里面蹲个大胖子。就这样还特别爱吃文兰做的凉拌猪蹄儿,一吃就是一锅。我提醒文兰说:快别让昱帆吃了,再吃他就成"猪蹄儿"了。

记得刚刚收吴佳樹、金昱帆为徒的时候,两人还是小学生,除了排节目,两人成天就是打打闹闹。吴佳樹岁数小,金昱帆自然就成了他欺负的对象。金昱帆也有办法,台下治不了你,台上总归有办法吧。有一次在台上,金昱帆故意把前后台词颠倒了一下,吴佳樹马上就蒙了。差点没哭着鼻子下台。金昱帆一边安慰他,一边给他上课:你看你,平常光知道欺负我,也不认真听师父教,说相声最主要的就是脑子反应要快。师哥刚才之所以把台词颠倒了一下,就是考考你的反应怎么样。你不得好好谢谢我啊!

合着他还有理了。

当时文化馆楼下有个游戏机房,吴佳樹、金昱帆在排完节目之后也会经常去玩。老板是个性格开朗的人,没事老逗他们俩:你们俩喊我一声爸爸,我可以免费让你们玩游戏。

两人正犹豫着喊不喊呢,老板又逗上了:你们还是别喊了,你们一喊我爸爸,我会肚子疼。

俩孩子眨了眨眼睛,异口同声地说道:我们不信,要不你先喊我们一声试试。

老板恍然大悟:这俩孩子会说相声。

都说为了孩子,家长可以舍弃一切,这一点在吴佳樹、金昱帆父母身上可以说是体现得淋漓尽致。特别是吴佳樹的爸爸吴向东、金昱帆的爸爸金昌明,为了俩孩子,那真是豁出去了。每年到天津学习,他们总是带着大包小包的礼物去看望上课的老师,白酒啤酒的也没少喝。因为当时的导航技术不是太好,有一天晚上居然给导到天津附近的稻田里去了,弄得是进退两难,最后找了一辆拖车才重返正道。

孩子的天性总是玩耍、调皮的,吴佳樹也不例外。有一年暑假从天津返回，在火车站附近的玩具店里，他一会儿摸摸这个变形金刚，一会儿摸摸这个茜茜公主，一会儿拿起跳绳，一会儿玩玩弹球，可不管怎么玩就是不买。

老板一看就不干了："那小孩，你哪儿的？"

"我江苏的。"

"你叫嘛？"

"吴佳樹。"

"我看你不叫吴佳樹，你叫无家教。"

就是这两孩子，在第二届全国少儿曲艺大奖赛上获得了银奖，走进了中央电视台。也就在颁奖那天的晚上，中央电视台还在一号演播大厅举行另外一场大型晚会的录制，喝了酒的吴向东也借机"混"进去会看了一会儿，正好坐在了著名主持人赵忠祥的旁边，害得他激动无比，逮谁跟谁说："我刚才看到赵丽蓉了。"

其实，赵丽蓉那时候已经去世了，所以金昌明就气吴向东说："你本事真大，还能看到赵丽蓉，你不是在中央电视台看到的吧？你是在八宝山看见的。"

大家一听哈哈大笑。

兄弟祥子

熟悉我们的朋友都知道，我有个弟弟叫祥子，从小跟我一块长大，当我介绍给别人说祥子是我弟弟时，几乎没人相信。但当他跟我们家老爷子坐在一起时，又没人不说他比我像老爷子。

祥子十岁之前还留着小辫，从小在我妈的小姐妹家里长大，人家家里缺女孩子，所以，也就拿他当女孩子这么养着。直到二十岁出头了，祥子见谁说话还脸红，哪跟现在似的，能把人家女孩子说得满脸通红。

祥子 18 岁就跟老爷子一样在水上做起了运输工作,因为船上人少,出行的时候,必须要轮流做饭,这一点,祥子继承了老爷子的特点,做了一手的好饭菜。随着年龄的增长,祥子也到了谈婚论娶的时候了,但没有哪个姑娘愿意嫁给在水上跑运输的,因为这一跑就是一两个月不能见面,搁谁也不踏实。

就在这个时候,文兰认识了银行的老大哥支鸿飞。他是老干部家庭出身,自己又是银行要员,人脉关系也好。于是,文兰主动请鸿飞帮忙,为祥子调动一下工作。经过鸿飞大半年的努力,祥子终于在岸上落户了。为了显摆自己的人脉力量,鸿飞特意在家里摆家宴为祥子祝贺,但前提是饭菜必须让祥子来做。还要必须做一道大菜:红烧鳗鱼。

别看祥子做了一手的好菜,但"红烧鳗鱼"他连见都没见过,因为这道菜当时只有有钱的人才吃得起。正当祥子左右为难的时候,文兰说:没事,我已经跟市政府宾馆的厨师长打过招呼了,你马上就可以去看一下他们的做菜流程,然后还可以去一下老字号的黄海饭店,找一下阚大哥,让他再指点你一下。就这样,在文兰的帮助下,祥子用了三天的时间,仔细研究了别人的做菜手艺,又加上了自己的发挥,把一道精美的"红烧鳗鱼"端上了桌,至今让人回味无穷。

都说人倒霉了喝凉水都要塞牙,但人要顺风顺水了谁也挡不住。

别看祥子过去找不到对象,可调进去的单位是盐城纺织厂。这下好了,祥子一下子看花眼了,因为纺织厂里全是女工。经过研究祥子发现,纺织厂里最漂亮的女工全集中在宣传队呢。这可把祥子急坏了,因为他什么都不会,说话脸红不说,唱歌还跑调。要说祥子还真聪明,他先从外围做起,先帮宣传队抬道具,然后负责帮女演员买东西，有一天终于忍不住了跟文兰说："嫂子，我想说相声！"

文兰一听哈哈大笑："可以啊，你先把'人流接人流'唱准了，我们就教你。"

合着她还没忘了人口普查那事呢。

要说祥子"女人缘"还真不错，今天把跳舞的小张约出来让文兰把关，明天把唱歌的小王请出来让文兰审查。没过十天，这些女孩子全没影了。祥子自己也纳闷：怎么全黄了呢？

文兰一语道破天机：她们根本就不适合你，人家能唱会跳、思想活跃，你半天说不出一句话，还跟人家不合拍，怎么会有共同语言呢？还是找一个旗鼓相当的吧。

为了让祥子理解得更清楚，文兰真诚地对祥子说："一个人，不一定非要生离死别轰轰烈烈才能判断是否值得相爱，两个人合不合适，其实都在日常的点点滴滴，都在这两件充满人间烟火气息的小事里：一是有没有话聊，二是能不能坐下来一起吃饭。

"很多时候，我们看一个人是不是合适的伴，其实并不是看他的英雄梦想和伟大志向，而恰恰是看他能不能陪你吃饭。再伟大的人，面对生活的时候，也得直面各种各样的平凡。或许你满心欢喜地做了一桌子菜，却怎么也等不到那个人的归来，只能面对着一桌子菜空寂发呆，最后把一桌菜和一颗心都等凉，才明白没有人欣赏的菜，再精致也比不上朴素却温馨的屋子里，两个人一起吃下的粗茶淡饭。

"一个能陪你吃饭的人，一定会珍惜你的付出。他知道，爱既是疲惫生活里的英雄梦想，也是一蔬一饭、一日三餐；他知道，爱不只是激情的碰撞，也是温情的陪伴；他知道，人间最有味道的，便是对坐桌前，品味粗茶淡饭中的清欢。

"其实我们寻寻觅觅，也不过是想找一个聊得来的伴。人这一生，未必要轰轰烈烈才能体味爱情的炽热，寻一个和煦的午后，静静依偎，慢慢聊着天，你懂我，我懂你，总有说也说不尽的话，总有聊也聊不完的天，也是一种温暖。

"一个能陪你聊天的人，总是会愿意跟你分享身边的一切，愿意去听你的那些唠唠叨叨。他对你有足够的耐心，足够的爱，他愿意看你说起高兴的事情的时候，脸上神采飞扬的样子；也愿意懂你那些藏在心里的委屈，那些无处可说的悲伤和焦虑。懂得，是多么难得的一件事。爱情或许需要激情和勇敢，而生活需要的，恰恰是两个人是否合适，是理解与陪伴，安稳与温暖。我们总是向往稳稳的幸福，就算日子平平淡淡，只要有合适的人的陪伴，也不会觉得厌烦。"

文兰的一番话让祥子茅塞顿开。

祥子的命也真够好的。通过文兰他认识了纺织厂的"大好人"陈冠群先生。冠群曾经跟我们在一个曲艺队里打拼过，浑身的才气。不仅会画画，还会多种乐器，既是领导干部，又是文艺骨干，最大的特点，就是"妻管严"。没办法，纺织厂里全是女工，他爱人要不看紧点准出问题。后来的实践证明他爱人看紧点是对的。

当时刚刚改革开放，很多规章制度都不到位，冠群所在的科室，很多人利用自己的职权为自己谋私，没到两年，科室里从上到下都"前腐后继"了，唯独冠群鹤立鸡群、岿然不动，加上自身的努力，最后脱颖而出成了科室一把手，直到集团的财务副总。

所以说，人如果做到洁身自好最好，如果做不到，千万不要同流合污。正是在冠群的帮助下，祥子找到了非常合适他的妻子倪红梅，不仅随我们家姓，还跟我们家老爷子一个辈分，你说这上哪说理去？还是文兰的解释最合理：人和人靠的就是缘分，"百年修得同船渡、千年修得共枕眠"不是一句空话。倪红梅就是老天爷派来拯救祥子的，老实人就要老老实实地过日子。

果不其然，连我的师父姜昆先生送给祥子的题字都是"好好过日子"。我想这一定又是文兰出的主意。

谁也不会想到，就是这个老实巴交的祥子，现在居然当上了一家保险公司的副总，家里的亲朋好友差不多都成了他们公司的客户，有的还是大客户。

我想跟祥子说：记住嫂子文兰的话，踏踏实实做事，老老实实做人，你就会永远走在成功的路上。

陈家姐妹

在文兰从艺三十年的历程中，江苏华恒昌集团是躲不过去的重要一笔，因为没有华恒昌集团董事长朱华先生的慷慨解囊，就不可能有后来的华恒昌南京相声俱乐部，没有相声俱乐部历经这么多年的培养和奠定，南京的相声不会这么快地就能走上正轨。不管南京的相声人承不承认，这都是事实。那可是人家拿出真金白银换来的。而文兰只是用自己的智慧和劳动，回报了一下企业而已，其实是为相声在奉献！

华恒昌作为医疗器械销售领域里的龙头老大，他们创造了很多业内的传奇，不仅因为老板朱华特别优秀、能干，他带领的团队也是非常出色。像薛卫华、于成勋、赵晓林、张静等，都是富有创新能力和销售技能的高手。在这么一批优秀人才中，文兰和陈氏姐妹陈国梅、陈国丰走得算是比较近的。一来脾气性格相投，二来她们姐妹非常喜爱文艺。集团大大小小的场合总少不了她们姐妹俩合作的《肚皮舞》，我老跟她们开玩笑说：怨不得南京人愿意吃肚皮面呢，就是你们姐妹俩跳出来的。

文兰与她们相识，是在一家 KTV 里。一般这种情况之下，会唱歌的轻易不唱，不会唱歌的反倒成了"麦霸"。那天的情况也是如此。华恒昌的几个高管，包括老板朱华拿着话筒更是不愿意撒手，其中有个外地客户，仗着自己有点酒量，说你们华恒昌喝酒可以，唱歌不行，谁要是唱歌能把我镇了，我把这瓶洋酒全干了。

几个高管虽说能唱那么几首歌，但要把客人镇住还欠点火候，大家都把求援的目光投向了文兰。文兰也没客气，拿起话筒就开唱，一曲《青藏高原》立马就把对方镇住了，半瓶酒没下肚，"咣当"就倒在沙发上了。

国梅、国丰还不依不饶：不要装啊，夏老师还有《天路》和《山路十八弯》没唱呢！

正是因为文兰的加盟和付出，华恒昌的企业文化在短短的几年当中有了惊人的飞跃，只要是跟文兰相关的事，他们也都会积极参与并大力支持。

文兰坦言：企业高速发展，越发需要文化元素来夯实基础，事业发展是靠硬实力，要提升、拓展必须要靠软实力，也就是靠文化来支撑。实业和文化，好比单丝一线，孤掌难鸣。文化没有实力支撑，文化便也成了"废话"，实业没有文化搭台，也难以演出永久的精彩戏码。特别是互联网时代一切都在变，包括人心人性。只有注入文化元素，强化精英团队的价值观和理想，以文化牵引消费者的选择，才能改善企业的福祉，促进企业的进步。

华恒昌后来发展的事实也证明，长期以来的文化宣导，在企业中起到了意想不到的杠杆效应作用，也让华恒昌在同行业中独领风骚,成为翘楚。在这些文化活动和展示中,国梅和国丰,既是文兰坚定的支持者,也是热情投入的参与者,要知道,在讲究利润的企业里,要想推行纯粹的文化,没有拥趸者是肯定推行不下去的。

在华恒昌集团不断加强文化自觉的前提下,企业的效益也不断攀升。2014 年秋天,华恒昌集团旗下江苏新无限医疗设备股份有限公司挂牌上市、"六早"癌症早筛试剂在全国运营,企业和产品都需要进一步扩大知名度和影响力,以招募有效资源,在企业实力宣传、企业文化推广、企业品牌打造中,文兰勇于担当,大胆创新,促成企业杂志、企业大片、产品广告片的编制和摄制。她利用自己广泛的人脉,请来相声明星刘惠代言产品;请来冯巩、李金斗、陈寒柏、孙晨、毛威等各路精英为华恒昌的各种招商会站台助阵,招商现场空前火爆。在 2015 年华恒昌年度盛典上,文兰和国梅、国丰她们一起全身心投入盛典策划、节目编排、灯光舞美、艺术指导、明星邀约等每一个环节,文兰和毛威联袂主持,整台晚会,星光灿烂、掌声如雷,让一千多位与会嘉宾交口称赞,盛典的档次堪比央视春晚。

就在那次盛典上,由文兰策划的华恒昌人主题演讲,吸引了所有人的目光。当国丰含着泪水讲述老板朱华如何带着大家创业、讲着姐姐国梅如何不顾小家顾大家、讲着自己年迈的父亲如何在病榻上还在关心着华恒昌的发展时,全场的嘉宾都被感动了,他们全体起立,向华恒昌这位优秀的高管表示敬意。国丰这段感人的演讲,至今还在互联网上传播,很多企业甚至把她的演讲稿当成了模板。但国丰一直在心里感谢文兰。

她说:如果没有夏老师的精心设计和加班加点的指导,我的演讲不可能这么精彩。

在文兰病重住院期间,国丰、国梅成了病房的常客,几乎每天都要抽空看望一次。即便有事来不了,也会微信或者视频一下表示问候。

国丰感慨地说:夏老师真是太乐观了,根本不像个病人,还成天逗我们开心。

有一天傍晚,朱华又带着他的高管团队来看望文兰,还花巨资从内蒙古买来了灵芝和冬虫夏草。文兰的状态也是特别好,一点儿都不像重症病人,她与国梅、国丰她们谈笑风生、笑声不断。

分别的时候还逗她们说:你们别以为朱总晚上请你们吃什么好东西,还能有这灵芝仙草值钱吗? 我这可是皇上吃的,你们吃不上。

让国丰、国梅想不到的是,那一次见面竟成了她们和文兰的永别。

画家朱明

朱明是个画家,而且是个很有造诣的油画家!

朱明虽然是个画家,可语言天赋一点儿也不比我差。他要张嘴"糟蹋"谁,谁都跑不了,何况有些人根本不用你"糟蹋",他自己已经把自己"糟蹋"得一塌糊涂了。

朱明既是我的同事,也是我的哥们儿,还是酒友。同时还是"臭味相投"的聊天高手。

2005 年之前,我和朱明并不相识,我那时候还在基层文化馆"闯荡",人家已经是省文化馆鼎鼎大名的画家了。但大概都听说过彼此的业务水平和性格特征,我们基本属于那种你有本事我服你,你没本事我也不用你服的那种人。想想确实是这么个理,文化馆本来就是个业务单位,琴棋书画、说学逗唱,分工不同,各占一摊,你要有本事,不给你平台,你照样可以干得风生水起,你没本事,给你平台,你照样什么也玩不转。好歹我们俩业务上还算"混得过",一年四季,倒也不怎么闲着。

我是 2005 年年底通过公开招聘后调到江苏省文化馆的。在此之前,曾经有过两次机会可以加盟,但都错过了,包括在此之前的兰州军区战斗文工团、武警上海文工团、中国煤矿文工团等都动过我和夏文兰的念头,现在想想,老天爷早就把命给你安排好了,我们还没有真正享受到人生的最大乐趣,文兰已经撒手人寰了。很多人可能不知道,文兰其实不喜欢相声,她开车时一听郭德纲的相声,居然能打瞌睡,你说这不奇怪吗? 但为了我,她坚持在舞台上站了一辈子! 不是哪个女人都能做到这一点的。

我现在可以坦白地说出我当时想到南京工作的真正目的,绝不是为了什么事业,纯粹是为了儿子倪夏宇,因为他当时历经周折"混入"了南京解放军国际关系学院,我和文兰一心想着能到南京工作,好对他有个照顾,正好有这么个公开招聘的机会,最后还真成了,真得感谢当时在任的省文化厅、文化馆的领导们。

尽管在单位经常和朱明照面,但交流得并不多。因为他平常的"谱儿"摆得挺大,加上我本来对画家就敬重有加,一直认为人家才是名副其实的艺术家,所以,也没怎么去主动"招惹"他。直到有一次在新模范马路地铁站,我们俩从同一个车门上车,朱明一拍我的肩膀,大声说道:老倪,我服你,你是个"杆子",虽不洁身自好,但绝不同流合污。这话一出口,我便哈哈大笑,弄得边上的人莫名其妙。其中感悟,可能只有我和朱明心里明白。

真正让我们俩"同流合污"的是在 2010 年单位的年终总结会上。但凡这个时候,大家都愿意在那评功摆好,展示业绩,有些恨不得把自己一生的事迹都总结完。那天正好我和朱明前后挨着发言,我们俩也不知哪根神经搭错了，南京人讲话"脑子滑丝了"。

他悄声跟我说：我今天就说一百字，绝不多谈。你敢吗？我立马附和说：你要敢简短，我肯定能比你还短。他又将了我一军，说谁要不短谁请客，两瓶"梦九"。要知道，当时"梦九"比"茅台"畅销，我立刻应战说：等着瞧！

果不其然，别看朱明平常"不可一世"的样子，一到总结这种场合他明显显得底气不足，说话也变得绵声细语、娘们唧唧的，没到一百字他就结束了自己的发言，随后用挑战的眼神看着我。结果，我就说了两句话：领导安排的我做得很好，领导没安排的我做得更好！谢谢！只见朱明"扑哧"就乐了，说你太狠了吧，一句话一瓶酒啊。这虽只是我们哥儿俩开的一个玩笑，但我们知道这种场合不适宜，事后大家也都解释清楚了，我还在一个公开场合进行了道歉。朱明"糟蹋"我说：酒让你喝了，面子也让你做了，你真是"酒色"两全啊！

我的丈母娘、文兰的母亲当年因为脑溢血中风在病床上瘫痪了十年，盐城市三院的很多医生朋友给予了很多的关心照顾，特别是我的好朋友王爱坤，不管我们怎么"表示"，他都坚决回绝，就像我当年给他写的一篇文章一样——医生沾红，百姓要穷。那天我无意之中谈起要对朋友表示感谢，朱明问我你想怎么感谢，我说朋友马上要乔迁，风格是西式的，我想跟你讨幅油画赠送给他，感谢他救我丈母娘一命。朱明二话没说，回到家，翻箱倒柜，把他在美国展示的一幅油画作品精心包好了带给我。要知道，依朱明的个性，他是绝不会轻易送人画的，我就曾多次听到他对别人的婉拒，如果说艺术是有价的，那朱明的这份情谊肯定是无价的。如果说情谊是有价的，那朱明的艺术又是无价的了。一条命跟一幅画就这么交汇在一起了。

2015 年的 5 到 8 月,对我来说无疑是个沉痛和悲伤的日子,文兰查出了癌症,可是她并不知道最坏的结果,直到最后我也没告诉她最坏的结果,因为我不想让她带着绝望离开。当我们从其他医院辗转到省肿瘤医院时,朱明知道了消息,他立刻给我打电话说,如果需要我的作品,尽管张嘴,并且在第一时间让人把一幅在法国展出的作品《异相》带给了我。正当我想把这幅作品送给省肿瘤医院的主治医生,让她想办法多挽留一下文兰时,文兰却抛下一切离开了我。当她知道朱明为了给她治病,专门给医生送画时,她嘱咐我一定要好好谢谢人家朱明,人家为了我们家,可是拿出了两幅大作啊,这可不是一般的作品,它是拿来换命的啊!

朱明,算我欠你两条命!

四十一、哭我文兰

当接到天津人民出版社要给文兰出书的约请时，我首先想到的是我的好哥们儿、也是亦师亦友的吕解生。他既是资深的新闻编辑，又是才情出众的老辣记者，而且他太熟悉我和文兰了，可以说闭着眼睛，他也能说上个三天三夜还不带打奔儿的，如果他要操刀执笔，那这本书的含金量绝对会不一样。非常遗憾的是，解生自己的身体也出现了状况，而且情况不是很稳定，写个小短文，还得累出一身大汗，这种情况之下，怎么忍心让他老人家费心劳神呢？

还有一位合适的人选，那就是曾经在政府部门工作，文笔相当老道，为人特别低调，对我和文兰也一直关爱有加，现退休在家，依靠摄影"养家糊口"、江湖人称"二爷"的冯雁军先生。但是他接了一单大活，就是跟踪拍摄华谊兄弟的苏州影视城，并且每天都要出现场。要知道，他现在除了爱好乐趣，全家人都得靠他的摄影技术吃饭呢，要不怎么给心爱的孙女添置贵得吓人的"迪士尼"玩具啊？这种情形之下肯定不能断了人家的财路，这也不是我的风格。之所以狠狠心、咬咬牙自己来写，完全源于二爷的一番话，也算是自己的事情自己扛吧。

二爷说：你和文兰风风雨雨、磕磕绊绊、跌跌爬爬、摇摇摆摆地走过这么多年，这里本身就有太多的故事。何况，你心里也一直没有放下文兰，这本书你自己写是最合适不过了。其实，哪是我不想写啊，我是怕我写不下去啊，这不等于让我自己撕开伤疤再撒把盐吗？

果不其然，从敲打第一个字开始，我就又陷入无限的悲伤之中，只要一打开电脑，泪水就止不住地飞流直下，没有三千尺，也得九千米……

没办法，电脑里、屏幕上全是文兰的图片和视频，而且不停地在你眼前晃荡，这是这么多年慢慢积攒下来的，不可能一下子格式化，毕竟是患难与共、荣辱共享三十多年的夫妻啊！何况她还是你舞台上、灶台上、床台上形影不离、缠绵不已、配合默契、黏黏糊糊的另一半，怎么会就这么说扔就扔、说忘就忘了呢？那也太不是玩意儿了吧？

一直想对所有关心、关爱、帮助过文兰的好朋友表示一下感谢。但脑海里却是她挥之不去的形象……

不管怎样，人都要表达一种感谢！

无论如何，人都要表述一下感恩！

有话不说不是我的性格，现在就更没必要藏着掖着了！

众所周知，这是一个全媒体的时代，没有什么秘密可以隐藏。

文兰走后我所有的表情和心迹，几乎每天毫无保留地呈现在朋友们的面前。大家都希望我尽快走出痛苦、走出悲伤、走出心酸……我谢谢所有关心我的朋友，只是我暂时还做不到。我不想诉说我和文兰有多恩爱，我更不想说她的离去，生命和生活于我已经没有了太多的意义。我只想告诉大家，我知道，我也明白：这就是真实的生活。我必须接受和面对。

谁也不愿意发生悲惨的人生，可是每天照样发生，我们不会太去顾及，因为，很多人的离去与我们无关。关心你的、关爱你的、温暖你的，一定是你的至爱亲朋。

我无须同情,也根本没用。

2015 年 5 月 28 日,这是一个让我刻骨铭心一辈子的日子。

就在这天上午,文兰经过例行体检,发现肝上有点问题。随着检查的不断深入,最终确定为癌症,并且是晚期,而且已经骨转移了。我相信这种五雷轰顶的消息,不是每个人都能听到过的。刹那之间,一个积极快乐、自信满满的我倒下了。随后的日子里,就是心如刀绞般的寻医问药。

不要怪医生嘴太损,因为他们每天都在跟死神打交道!

不要怪医生心太狠,因为许多疾病他们根本无能为力!

面对对生命充满希望和期待的文兰,我必须每天强打精神笑脸相伴,这是人生最难拿捏的表演,但我只能演好,不能演坏。

2015 年 6 月 6 日,是我铁哥们儿吕解生的儿子龙龙的大喜日子。当时文兰已经住进了江苏省人民医院老干部病房。坦白地说,我内心犹豫过,还要不要从南京赶回盐城。但文兰一如既往、斩钉截铁地说一定要到场祝贺。在我们居住的盐城记者家园小区门口,我见到解生的一刹那,恨不得扑在他的怀里大哭一场,但看到他那张喜气洋洋的娃娃脸,看着他身后笑逐颜开的亲朋好友,我强忍没让眼泪流下来。

婚礼现场,文兰用她那清澈甜美的嗓音唱了一段《好日子》,随后连夜赶回了南京。当时还有些人不理解,但就在文兰上车的一瞬间,文兰的大哥夏文才默默地流下了眼泪。因为他是第一时间知道结果的,我也是几十年来,第一次看到这个铮铮铁骨的男人流泪……

就在发现文兰病情的第一时间,我向师父姜昆先生发出了求救,以他的人脉和关系,文兰肯定会有希望。师父听到消息后,除了震惊、叹息之外,嘱咐我千万不要相信江湖传说,一定要相信科学、相信医生。并且迅速让朋友从美国和新西兰带来了一些相关药品。我的所有师兄弟,也都在第一时间送来了问候和祝愿。江苏省人民医院消化科的李学良主任, 他既是我们的好朋友, 也是一位好专家,从文兰住院的第一天起,只要是从医学角度能关照到的事情,他都关照到位了,包括他的夫人李天女主任,无论什么时候、什么时间,只要有需求,他们都是倾力相助。要知道,那个时候,学良还在常州挂职,许多时候都是从常州赶回来的。那段时间,学良给予的帮助无疑是最大的。还有李相成、杨正强、薛漪萍等医生和朋友,也从方方面面给予了无微不至的关心和照顾。当然,我也见过几个唯利是图、恨不得马上拿你的命来换钱的"白衣添屎"。但我相信,这不是医疗队伍的主体,更不是医生职业的主流。有位伟人就曾经说过:"一泡鸡屎岂能不臭坏满缸甜酱。"

　　朋友们在关心文兰,而文兰却是个细心体贴的女人。尽管自己已经躺在了病床上,但心里惦记的永远是朋友、同事们的事,无论自己病情如何, 她都会按照事先的安排让我继续去给朋友捧场热闹。就在她病情最危急的那几天,她的一个小姐妹因为家庭问题出现了变故,文兰还通过微信给这个小姐妹鼓劲打气,并且让我送去了问候,用她一贯乐观豁达的人生态度激励他人。

　　可能正是因为她的真心、热情、淳朴,善良、厚道、仗义,在她住院治疗和病逝期间,全国各地来了那么多的好朋友前来看望、探视、吊唁、祭拜。特别是在老家盐城下葬的那天,那么多的父老乡亲从四面八方赶到现场,真诚地送文兰最后一程,那情景让我颇感意外!

　　因为我知道,文兰既不是什么明星大蔓, 也不是什么达官贵人,何况她离开盐城已有多年,但父老乡亲们对她如此之敬重,让我感叹、感动不已!

在送文兰的追悼会上,她熟悉和喜爱的掌声响起来,她经常爱唱的一首歌就是《掌声响起来》,可这时候想起经久不息的掌声,又有多少人见过、看过、经历过?

在追悼会的进行中,儿子夏宇忍着难以掩饰的巨大悲痛向到场的亲朋好友致谢,上千位沉痛哀悼的肃立者给文兰长时间地鼓掌、叫好。从艺这些年,舞台上的文兰最在意观众的掌声,因为掌声是检验我们作品成败的最直接的方式。

人们挥泪给予文兰的掌声,响彻告别大厅。如此悲恸的掌声,文兰天堂有知,一定会笑靥如花。

文兰走了,曾经的"相声夫妻档"只剩下了我这"半壁江山",我一直沉浸在难以形容的伤痛之中。我和文兰一直相互扶持,走过了三十多年的艺术人生,留下诸多观众认可的艺术作品。

文兰走了,年仅 50 岁。在南京雨花功德园她的灵堂内,来吊唁的人,个个心痛如麻。在送别文兰的追悼会上,我目睹着她安卧在鲜花丛中,知道她再也不用奔波、劳累,可以好好歇息了⋯⋯

追悼会大厅的挽联写道:

> 惊看五彩缤纷观夏花如此灿烂;
> 泣别永远朋友悲文兰定格静养。
> 文兰一路走好!

看着挽联,我不由得想到了几个月里文兰就医时的情景。那些天,她每天坐在沙发上打着点滴,面色红润、谈吐自如,她并不知道自己的病情多么凶险。单从状态上讲，实在不能把她与肝癌晚期并且有严重症状画上等号。

每天，我们依旧笑着谈着一些艺术上的事，我每天送给她的白兰花香气扑鼻，她不时拿在手里享受馨香。就这么一个活生生的人啊，很快就离开了凡尘，英年早逝。离开了深爱她的我和儿子、儿媳妇、兄弟姐妹，离开了喜爱她的师长、同道、朋友和观众。

我和文兰从事相声艺术工作三十余年，无数次在我们创作的作品中提笔写到夏文兰、倪明这两个名字；然而这一次，我再在键盘上敲打出夏文兰这个名字时，她已与我阴阳两隔，去了天堂。从此，天堂里不再落寞，因为有了女笑星。

文兰和我都是江苏盐城人，我们共同师承姜昆，一直携手研究男女相声创作表演，被观众亲切地称为"夫妻笑星"。我们的相声作品《百花盛开》《五彩缤纷》《家乡美》《永远是朋友》和《怎么了》等，以独特的艺术魅力，营造出庄谐有度、富于女性美的喜剧效果，在江苏省曲艺大赛、全国首届"侯宝林金像奖"电视相声大赛等多项赛事中获奖，有些作品还在央视《曲苑杂坛》《笑星大联盟》《我爱满堂彩》等栏目中播出。

在艺术实践中，我与文兰由于种种原因没有去北京和其他地区发展，而是留在了南京。我们的夫妻感情非常好，总是"夫唱妇随"，包括给儿子取名都用了"双姓"，由此可见一斑。我们两人在艺术表演上也非常默契，作品不断。

2005年，我们刚刚立足南京，日子过得并不是很顺。纯粹是对相声艺术的挚爱，让我们顽强地前行。

舞台上，文兰总是能够倾情演绎、升华作品的内涵和品位。她或说或唱，或逗或喥，举手投足，活泼而不泼辣；谈事论理，文雅而不沉闷;细语浅笑,诙谐而不滑稽;状人抒情,机智而不狡猾。即使相声中需要必不可少的自嘲时,她也十分注意庄谐有度,不影响自己的端庄韵致和柔美形象,不耍贫嘴,不哗众取宠,而是着力靠对语言的准确把握,营造出温文尔雅的幽默效果。贬损自身形象的包袱即使再响再叫座,她也绝不使用。这些长处,也是师父姜昆先生尤为欣赏的,更是许多女相声演员效仿不来的。

平日里,但凡有公益性演出,文兰和我是每请必到,分文不取。

2007年9月,《南京日报》组建了一支南京民工艺术团,该团首次亮相江宁大舞台,总策划梁平先生找到文兰,请她和北京广播学院南京分院的刘阳共同主持。文兰一口答应,毫无条件。当时,刘阳是中国传媒学院学生、2007年央视主持人大赛入围复赛选手。合作中,文兰辅导刘阳如何掌控舞台节奏等,让刘阳很是受益。如今,刘阳已是央视四套知名新闻节目主播,而文兰却积劳成疾,过早地离开了她心爱的舞台。

2009年7月,文兰和我在京举行相声专场演出,在家乡盐城举办舞台艺术三十周年系列活动,梁平先生都因工作走不开没能前往,深感遗憾。之后,文兰专门托人把两部艺术结晶——相声作品集《悄悄话》和随笔集《出门在外》,专程送给梁平先生。梁平也在他主编的《文化徽商》杂志辟出专版予以推介,让读者深深地感悟到我们来之不易的艺术成就。

回望文兰的艺术人生,历尽艰辛。

早于1985年起,文兰就潜心研究男女相声的创作表演和发展路数,并取得了可喜的成就。1987年,她表演的《百花盛开》在江苏省曲艺大赛中一举获得二等奖;1991年,在全国青年业余相声比赛中,她表演的《五彩缤纷》获得逗哏二等奖。这是新中国成立以来女相声演员在同类比赛当中获得的最高奖次,《人民日报》给予专门报道。要知道,那时候说相声的能上《人民日报》,不亚于上了一次央视春晚。1993 年,在首届"火花杯"女子相声比赛中获得第二名。同年,在"马三立杯"中国业余相声邀请赛上,她表演的《悄悄话》获得二等奖;1995 年,在全国首届"侯宝林金像奖"电视相声大赛中,她创作、表演的《怎么了》获优秀作品奖,个人获"优秀荧屏奖"。

1996 年,文兰和我共同推出了我国第一部男女相声专辑《夏文兰、倪明相声作品选》,该书系江苏省新中国成立五十周年优秀曲艺作品丛书之一。同年,文兰获得盐城市"八五期间建设标兵""新长征突击手"和"十大杰出青年"等称号。1997 年,文兰和我在镇江举办了两场个人相声专场,全部收入捐赠给希望工程。江苏电视台也在电视栏目中推出了我们的相声作品专场,《人民日报》《中国青年报》《中国妇女报》《扬子晚报》《今晚报》和《曲艺》等报纸杂志对她作了专题报道。这让很多同行感到意想不到,甚至嫉妒。

文兰表演的相声,先后在央视以及江苏、山东、上海、河北和湖南等电视台播出。在创作表演之余,她还发表了《男女相声琐议》《谈相声表演中的女性美》等学术论文。师父姜昆先生称她的表演清新别致、富有个性、机智幽默、雅谐共赏。

文兰认为,女性表演相声最重要的有三条:第一就是一定要表现出女性美。诙谐而不滑稽,即使自嘲,也注意不要损害自己的形象。第二是要围绕女性话题,不是用男性化的动作语言来娱乐观众。第三,也是最重要的一点,不要表演的时候让观众过度关注个人的外貌和身材,而是要引导观众把注意力集中在作品上。

文兰作为从盐城走出来的笑星,从艺三十多年间数次放弃到北京和部队发展的机会, 始终扎根江苏、蹲守基层, 为普通老百姓服务, 她以平和扎实的生活态度, 托起了一片笑的天空。因为对相声艺术的挚爱和奉献, 她曾荣获中国曲协德艺双馨艺术家、中国相声特殊贡献奖等荣誉称号。

对于文兰的英年早逝, 师父姜昆先生在微信中表达了自己的哀思:"我的爱徒夏文兰, 一路走好! 你为相声、为姜家班所做的贡献, 永远铭记相声史册。你为群众送去的欢笑永留世间! 你帮助倪明并一起共同取得的成绩将留在我们相声的光荣榜上! 文兰爱徒安息! "

文兰匆匆走完了她五十年的短暂人生, 永远地告别了她自己热爱的舞台, 告别了喜爱自己的粉丝们。她的生命纵然短暂, 可是她光彩照人的艺术形象却永远地留在了舞台上, 留在了我们的记忆当中, 历久弥新, 永不褪色。

在此之前, 文兰失去了太多曲艺界的长辈和朋友, 从洛桑、牛振华、侯耀文、马季到笑林、赵世忠, 她曾经流过不知多少泪。然而, 她偏偏也很不幸, 生命至中年便戛然而止。令我唏嘘不已。

有人说, 生命是一场风花雪月的痛。依我所见, 人生, 确实如此。

我信人世轮回, 甚至相信文兰只是暂时抛下她爱过的人和爱着她的人, 去修炼另一种人生。她就是凡尘最美的一朵白兰花。

时至今日, 我依然难忘追悼会的情形。那天, 告别厅里正上方, 悬挂着文兰的遗像。送她的人, 不经意抬起头时, 看到的是她笑对人生的清秀容颜。

我和文兰的相遇、相识是有缘分的。所以, 在文兰离开的几年里, 我常常以泪洗面, 有时候半夜三更, 泪洒枕巾。除了长期失眠,一向开朗乐观的我居然有两次想自杀，我的心中一直涌动着从未有过的哀鸣……

泰戈尔有一首诗《生如夏花》：

我相信一切能够听见

甚至预见离散,遇见另一个自己

而有些瞬间无法把握

任凭东走西顾,逝去的必然不返

请看我头置簪花,一路走来一路盛开

频频遗漏一些,又深陷风霜雨雪的感动……

夏花很美。仿佛从这首诗中,我又看到了文兰的身影……

文兰就是夏花,盛开在人们的记忆之中,永远不会凋零。

写到这,我还是要借这本书表示一下感谢!

感谢江苏华恒昌集团董事长朱华先生善始善终的温暖! 没有他的支持,文兰走得不会如此风光!

感谢江苏中业慧谷集团董事长朱伶俐女士从头至尾的陪伴! 没有她的力挺,文兰离开得不会如此体面!

感谢恩师姜昆先生和爱国、刘惠、孙晨、周炜、句号、全和、全利等所有师兄弟在第一时间给予的帮助关爱!

感谢高洪海大哥、曹恒华大姐以及吴一波、陈嫒夫妇等给予的亲人般的照顾。

感谢中国文联、中国曲协、江苏省政协、江苏省文化厅、江苏省文联、江苏省文化馆、南京市文广新局、南京市文化馆、秦淮区文化局、秦淮区文化馆、盐城市文广新局、盐城市文化馆、淮安市文化馆、扬州市文化馆、南通市通州区文化馆,盐城市盐都区文化馆、亭湖区文化馆等多家单位和朋友送来的安慰!

感谢吕解生、薛卫华、冯雁军、徐益民、印克江、梁平、金昌明等一批默默付出的朋友们!

感谢所有的好心人,文兰在天会有知的,她也会保佑你们身体健康、家庭美满!

你们也一定能满足她的愿望!

愿文兰的笑声常在!

盼朋友的温暖永存!

后 记

现在，我一想到后记就怕。

2014 年 10 月 8 日，是文兰 50 岁的生日，也是文兰从艺三十周年的纪念日。承蒙我的好哥们儿、著名爱心企业家、江苏华恒昌集团董事长朱华先生的抬爱和推崇，特意在我的老家盐城举办了"祝贺夏文兰老师从艺三十周年"系列文化活动，既有"夏文兰舞台艺术摄影展"，又有《出门在外》《悄悄话》——夏文兰、倪明新书签售，还有"夏文兰从艺三十周年座谈会""夏文兰喜收新徒仪式"以及"相声一枝花——夏文兰从艺三十周年专场相声晚会"，李金斗、陈寒柏、刘惠、刘全刚、莫岐等众多相声名家都特意赶来祝贺，在政府部门工作的朋友也纷纷前来捧场。那晚，盐都艺术剧院一票难求，最后不得不加了一百多个座位，才算控制了局面。尽管场面可谓不小，至少在江苏曲艺范围内很少见到如此阵容。

但我现在特别后悔举办那次活动。我一直在想，是不是动静太大惊动了老天爷，不该文兰有如此之排场。所以，天妒红颜，老天爷把文兰提前给收走了。人啊，真的不能自以为是，顶多只能自以为虚。

其实，我和文兰心里很明白，我们到底能吃几碗干饭。

因为我们是穷人家长大的孩子，就跟我们的父母一样，一辈子胆小，真的从不敢自以为是。不像我们身边有些人，一旦有了一官半职就盛气凌人、自以为是，其实在很多人眼里他什么都不是。真是说他是他就是，说他不是他还就什么都不是。

当我从小喜欢上相声时，根本不知道相声的历史，不知道相声在旧社会是让人瞧不起的"玩意儿"，不知道相声艺人社会地位低下，不知道相声不能登大雅之堂，更不知道现在还有人把你所喜欢的相声跟你的为人处世硬挂上钩，他们觉得你在台上逗人笑，台下必定严肃不了。外行人挤对你也就算了，同行同业的也想尽各种办法的欺负你，让你好事也干不成，那才叫一个憋屈。真不知道这是什么混账逻辑。

我和许多同龄人一样，是在相声艺术最红火的时候喜欢上相声的。依我当年的眼光，认为相声演员最了不起，外国只有一个卓别林，而中国的每一个相声演员都胜过卓别林。于是在我高中即将毕业时，为自己设计的最大理想就是当一名相声演员，什么考大学，进工厂，对我没有丝毫的吸引力，可后来发现自己似乎不是这块材料。

有件事情现在看来十分可笑，但令我难忘。

20世纪70年代末，我曾慕名给已故的著名相声艺术大师（现在已是我祖师爷）侯宝林先生写了一份血书，让他推荐、培养我去做相声演员，并说如不见回音，将以死相报。大概是祖师爷不想出人命，一个月后即委托合肥曲艺团的老师给我回了一封信，不过内容即让我大失所望。原因很简单，我当时根本不懂相声为何物，人家不需要学员，更何况我生长在苏北，舌头还不会卷呢。

后来，大学没考上，工厂又没进成，便雄赳赳、气昂昂地到革命大熔炉里锻炼去了。没想到在部队业余宣传队里还真的学说起了相声。复员后,我被分配到江淮动力机厂当翻砂工,"苦力的干活"之余,仍然一门心思地钻研相声,就这么折腾了不到两年,我被调入文化馆。直到那时,我才感觉到说好相声不是件容易的事,有时觉得实在太难干了……

此后,就是种种的不断坚持和努力,终于有一天修成正果,拜在了相声名家姜昆先生的门下。虽无大的作为,却一直在修行。

我们虽然喜爱相声这么多年,但最终却没能走上专业演员这条路,一直在群众文化这条"破船"上迎风斗浪、摇橹划桨、磕磕碰碰、跌跌撞撞。就这么飘飘摇摇地走过了三十年。三十年不算什么,是个健康人都能活三十年,但一对夫妻三十年只做一件事情的恐怕不多。

在文兰从艺三十周年活动时,我的好朋友,也是我的师兄,相声作家孙晨先生专门给我们写了一段《我这30年》,看完之后,我流泪了,是带笑的泪。我知道他的用意,他是借我们俩说出了我们那一代相声人的奋斗和追求。

就这三十年,说着说着嗓子哑了,

就这三十年,说着说着头发白了,

就这三十年,说着说着人变老了……

相声没给我们带来功名,却给我们带来了欢乐。

相声没给我们带来财富,却给我们带来了欢笑。

如果一个人一辈子都能在欢乐中度过,这不就是幸福吗?正当我和文兰将慢慢享受这种快乐和幸福,正要和大家继续分享这份幸福和快乐时,文兰却撒手人寰、自己驾鹤西去……

看着当时我写的文字,冥冥之中,似乎就有这么一种暗喻:不

237

知不觉我们在舞台上已经站了三十年了。三十年说起来容易，做起来真的不容易，包括作艺、做人、做夫妻。

好在我们都坚持到了现在。

我们俩有个约定，来世有缘，还说相声！

即使说不了相声，也会在家里折腾出一点儿"响声"！

感谢生活、感谢相声、感谢所有人（包括一小撮小人）！

文兰再三嘱咐我，一定要把最后括号里的话拿掉，我坚持着没拿。现在看来她是对的，因为她这一生都在包容别人、宽容别人、从容自己。

书写完了，我的泪也早流干了……

我相信，我和文兰一定还有来生。

只是我们再也不可能同台了……

就在这本书出版之前，我和文兰工作、生活、打拼了二十多年的盐都区，荣获了"中国曲艺之乡"的桂冠。对此，有些人感到不太理解。盐城，没有自己的曲艺品种，没有专业团队，可以说是曲艺沙漠之地，为何能获如此之殊荣？为何能突然拿到这个让很多地区眼红的曲艺文化金字招牌？

当"中国曲艺之乡"的牌匾在盐都高高挂起的时候，我正忙于全省的曲艺大赛，而文兰则已经长眠于地下，不能感受到辛辛苦苦、费尽心血挣来的这份荣誉了。都说前人栽树，后人乘凉，这份凉快也只有享受到的人自己去品味了。至于那些欺世盗名、占天功为己有的人，我想他们也不会心安理得地活得很自在。

我当然为盐城赢得这份荣誉感到自豪，也为文兰没能见到这个历史场景感到遗憾。但能为家乡的文化事业做出一点绵薄贡献，我们无怨无悔。文兰在天有知，也会感到高兴的。我永远不会忘记，文兰在盐城下葬那天，父老乡亲闻讯从四面八方赶来为她送行，作为一个曾经给无数观众带来欢笑的文化人，值了！

记得在 20 世纪 80 年代，我和一群业余曲艺爱好者组成了苏北第一家曲艺队，走街串村、走南闯北，在服务基层公共文化方面发挥了很大作用。但由于性格和艺术观点的不同，我跟原先的合作者分了手，机缘巧合认识了文兰，并由原先的恋爱变成舞台的搭档。经过三十年的打拼，我们的男女相声成为中国曲艺舞台上一块特有的招牌，我们的足迹踏遍大江南北、长城内外，还出访二十多个国家和地区，形成了一定的社会影响力，也为盐城赢得了无数的荣誉。作为盐都文化馆的老馆长，我和文兰如果早点出去闯荡，肯定要比人们想象的还要好，但我们放弃了战斗文工团、武警上海文工团等文艺团体的高薪待遇，一直坚持在盐城为普通老百姓送欢笑。直到 2005 年，江苏省文化厅一纸公文，我们这才依依不舍地离开了培养、滋润我们的盐城。即便如此，为家乡赢得"中国曲艺之乡"的想法一直埋藏在我们的心里，我们奔波在北京、南京、盐城之间，还两次请我们的恩师、时任中国曲协分党组书记的姜昆先生到盐都考察。姜昆先生还就具体申报情况，提出了很多要求和中肯的建议，这让盐都申报"中国曲艺之乡"少走了很多弯路。

为了给家乡的曲艺鼓劲加油，我们调动了大量的人脉资源，把一大批曲艺名家陆陆续续请到盐城，因为我觉得，只有出人才、出作品、走正路，盐都乃至盐城的曲艺事业才能不断地向前推进，也才能让"中国曲艺之乡"的招牌熠熠生辉。

　　盐都的荣誉似乎跟我们没什么关系了，但文兰的笑声将永远留在喜欢她的人的心里！

　　特别感谢孙福海书记、张素梅主任、冯雁军先生。

　　谢谢所有长期以来一直关心、支持、帮助我的亲朋好友。

　　我会好好活下去的。

2017 年 10 月 于南京笑斋堂